KYNOS RATGEBER

SHETLAND SHEEPDOG

Mary Davis

KYNOS VERLAG

INHALTSVERZEICHNIS

© 1994 KYNOS VERLAG Dr. Dieter Fleig GmbH
Am Remelsbach 30 - D-54570 Mürlenbach/Eifel
Telefon: 06594/653 - Telefax: 06594/452

ISBN-Nr.: 3-929545-08-X

© Englische Originalausgabe
Ringpress Books Limited,
Letchworth, 1993
Druck und Herstellung: Bookbuilders Ltd. Hong Kong

Fotos: Carol Ann Johnson

Titelbild: Landover Black Flame (Charlie)
im Besitz von Kelly Forrest und Reg Perry

Übersetzung: D. und H. Fleig

RASSESTANDARD der FCI: SHETLAND SHEEPDOG
FCI-Standard Nr. 88 (30.05.1989)
Ursprungsland: Großbritannien

Allgemeines Erscheinungsbild. Kleiner, langhaariger Arbeitshund von großer Schönheit, frei von Plumpheit und Grobheit. Umrißlinie symmetrisch, so daß kein Teil unproportioniert erscheint. Das üppige Haarkleid, die üppige Mähne und Halskrause und ein schön geformter Kopf mit einem lieblichen Ausdruck verbinden sich zum idealen Erscheinungsbild.

Charakteristika. Wachsam, sanft, intelligent, kräftig und lebhaft.

Wesen. Liebevoll und verständig gegenüber seinem Herrn, reserviert gegenüber Fremden, niemals nervös.

Kopf und Schädel. Kopf edel, von oben oder von der Seite gesehen wie ein langer stumpfer Keil, der sich von den Ohren zur Nase hin verjüngt. Die Breite des Schädels steht im richtigen Verhältnis zur Länge von Schädel und Fang. Das Ganze muß in Anbetracht der Größe des Hundes bewertet werden. Schädel flach, mäßig breit zwischen den Ohren, ohne daß das Hinterhauptbein hervorragt. Wangen flach, glatt in den gut gerundeten Fang übergehend. Schädel und Fang gleich lang, Teilungspunkt ist der innere Augenwinkel. Oberlinie des Schädels verläuft parallel zur Oberlinie des Fangs, mit leichtem aber deutlich erkennbarem Stop. Nase, Lefzen und Lidränder schwarz. Der charakteristische Ausdruck ergibt sich durch die vollkommene Harmonie in der Verbindung von Schädel und Vorgesicht, durch Form, Farbe und Plazierung der Augen und durch die richtig angesetzt und korrekt getragenen Ohren.

Fang/Gebiß. Kiefern ebenmäßig, glatt geschnitten, kräftig, mit gut entwickeltem Unterkiefer. Lippen fest geschlossen. Zähne gesund mit einem perfekten, regelmäßigen und vollständigen Scherengebiß, wobei die obere Schneidezahnreihe ohne Zwischenraum über die untere greift und die Zähne senkrecht im Kiefer stehen. Ein vollständiger Satz von 42 richtig plazierten Zähnen ist höchst wünschenswert.

Augen. Mittelgroß, schräg eingesetzt, mandelförmig. Dunkelbraun, außer bei den Merles, wo ein oder beide Augen blau oder blau gesprenkelt sein dürfen.

Ohren. Klein und am Ansatz mäßig breit, auf dem Schädel ziemlich eng zusammenstehend. Im Ruhezustand werden sie zurückgelegt getragen; im aufmerksamen Zustand werden sie nach vorne gebracht und halbaufrecht, mit nach vorne kippenden Spitzen getragen.

Hals. Muskulös, gut gebogen, von ausreichender Länge um eine stolze Kopfhaltung zu ermöglichen.

Vorhand. Schultern sehr gut zurückliegend. Am Widerrist nur durch die Wirbel getrennt, liegen die Schulterblätter dann schräg nach außen, um der gewünschten Wölbung der Rippen Platz zu bieten. Schultergelenke gut gewinkelt. Oberarm und Schulterblatt ungefähr gleich lang. Abstand vom Boden zu den Ellenbogen gleich dem Abstand von Ellenbogen zu Widerrist. Vorderläufe von vorn gesehen gerade, muskulös und ebenmäßig geformt, mit kräftigen Knochen. Vordermittelfuß kräftig und geschmeidig.

Körper. Geringfügig länger vom Schultergelenk zu den Sitzbeinhöckern als die Widerristhöhe. Brust tief, bis zu den Ellenbogen herabreichend. Rippen gut gewölbt, in der unteren Hälfte schmal zusammenlaufend, um den Vorderläufen und den Schultern eine freie Bewegung zu ermöglichen. Rücken gerade, mit einer anmutigen Rundung über der Lendenpartie, Kruppe allmählich nach hinten abfallend.

Hinterhand. Schenkel breit und muskulös, Schenkelknochen im rechten Winkel im Becken eingesetzt. Kniegelenk mit deutlicher Winkelung, Sprunggelenke gut geformt und gewinkelt, tiefstehend, mit kräftigen Knochen. Hintermittelfuß von hinten gesehen gerade.

Pfoten. Oval, mit gut gepolsterten Sohlen, Zehen gewölbt und geschlossen.

Rute. Tief angesetzt. Die zur Spitze hin dünner werdenden Wirbelknochen reichen bis zu den Sprunggelenken, reichlich mit Haar bedeckt und mit einem leichten Aufwärtsschwung. Sie darf in der Bewegung leicht erhoben werden, aber niemals über die Rückenlinie hinaus. Auf keinen Fall geknickt.

Gangart/Bewegung. Geschmeidig, fließend und anmutig, mit Schub aus der Hinterhand, dabei größtmögliche Distanz bei geringster Anstrengung zurücklegend. Paßgang, kreuzende oder wiegende Gangart oder steife, stelzende Auf- und Abwärtsbewegung sind höchst unerwünscht.

Haarkleid. Doppelt, das äußere Deckhaar besteht aus langem, hartem und geradem Haar. Unterwolle weich, kurz und dicht. Mähne und Halskrause sehr üppig. Vorderläufe gut befedert. Hinterläufe oberhalb der Sprunggelenke stark, unterhalb ziemlich kurz/glatt behaart. Das Gesicht kurz-/glatthaarig. Kurzhaarige Exemplare sind höchst unerwünscht.

Farbe.

Zobelfarben: Reinfarben oder in Schattierungen von hellem Gold bis zum satten Mahagoni, wobei die Schattierung kräftig getönt sein soll. Wolfsfarbe und Grau sind unerwünscht.

Tricolour: Tiefschwarz am Körper, vorzugsweise mit satten lohfarbenen Abzeichen.

3

Der langhaarige Shetland Sheepdog mit seinem herzerfrischenden Gesichtsausdruck gefällt Hundeliebhabern in der ganzen Welt.

(Fortsetzung Rassestandard von Seite 3)
Blue - Merle: Klares silbriges Blau, mit schwarzer Sprenkelung und Marmorierung. Satte lohfarbene Abzeichen werden bevorzugt, ihr Fehlen wird nicht bestraft. Große schwarze Flächen, schiefergrauer oder rostfarbener Anflug, sowohl im Deckhaar, wie auch in der Unterwolle sind höchst unerwünscht. Der Gesamteindruck muß von Blau geprägt sein.

Schwarz - Weiß und Schwarz mit Loh sind ebenfalls anerkannte Farben. Weiße Abzeichen dürfen (außer bei Schwarz mit Loh) als Blesse, am Halskragen, an der Brust, an der Halskrause, an den Läufen und an der Spitze der Rute vorhanden sein. Das Vorhandensein all dieser oder einiger dieser weißen Abzeichen soll bevorzugt werden (außer bei Schwarz mit Loh); das Fehlen dieser Abzeichen soll nicht bestraft werden. Weiße Flekken am Körper sind höchst unerwünscht.

Größe: Ideale Widerristhöhe: Rüden 37 cm, Hündinnen 35,5 cm
Eine Abweichung um mehr als 2,5 cm über oder unter diese Maße ist höchst unerwünscht.

Fehler: Jede Abweichung von den vorgenannten Punkten sollte als Fehler angesehen werden, dessen Bewertung im genauen Verhältnis zum Grad der Abweichung stehen sollte.

Anmerkung: Rüden sollten zwei offensichtlich normal entwickelte Hoden aufweisen, die sich vollständig im Skrotum befinden.

Kapitel 1

URSPRUNG DER RASSE

DIE SHETLAND INSELN Um Shetland rankten sich viele Legenden - diese Inseln sind der abgelegenste Teil Englands, liegen so weit im Norden, daß sie selbst den Römern Widerstand leisten konnten. Die Römer fürchteten, daß dieses noch unerforschte Territorium, noch jenseits Orkney gelegen, das Ultima Thule sein könnte, das Ende der Welt. Wahrscheinlich überrascht es nicht, daß sich auch um den Shetland Sheepdog viele Legenden rankten. Je mehr man in die Entstehungsgeschichte der Rasse abtaucht, um so weniger erscheint es einem wahr, daß der Sheltie je nur ausschließlich ein Hütehund im strengen Sinne des Wortes gewesen sein soll. Bereits sein Name war über die Jahre Gegenstand vieler Mißverständnisse.

Die Picten waren die ersten Einwohner Shetlands, aber die durch Dokumente nachgewiesene Geschichte der Insel beginnt erst mit der Besiedlung durch die Wikinger, die ihre Gesetze, Sitten, Sprache und ihr Leben als Fischer und Farmer auf die Inseln brachten. Mit ihnen kamen auch ihre Tiere auf die Inseln, darunter Rinder, Ponies, Schafe und Hunde. Über 400 Jahre regierten die Wikinger die Shetlands, ihre Herrschaft wurde nicht durch kriegerische Gewalt, sondern durch Verträge beendet. Als Ergebnis gibt es noch heute viel von ihrem ursprünglichen Einfluß, Ortsnamen, Sitten und Traditionen.

DER »TOONIE DOG« Shetland war immer ein Land winziger Pachtgrundstücke oder »Toons«, die sich ganz eng dem Verlauf der Küsten anpaßten, die Schutz, sichere Strände und wenig Ackerland boten. Diese Siedlungen wurden gegen die Haustiere, die auf den umliegenden Hügeln grasten, durch Steinwälle geschützt. Weiden waren allen gehörendes Land, auf dem die Schafe und Ponies sich so weit wie möglich selbst überlassen blieben, sich selbst erhielten.

Die Hüteaufgaben bei dieser Wirtschaftsart waren minimal. Der häufigste Kontakt zwischen Hunden und Schafen entstand wahrscheinlich, wenn Wind und Wetter die schützenden Steinwälle brachen. Jede Lücke wurde durch eine die Gelegenheit ergreifende Gruppe vorwitziger Schafe schnellstens genutzt. Dann war es die Aufgabe des »Toonie Dog«, die Eindringlinge zurück in die Hügel zu treiben. Die gleiche Aufgabe hatten diese Hunde, wenn die kleinen Ernten eingebracht waren, man den Schafen gestattete, die Überbleibsel zu verzehren.

Ein Historiker beschrieb den »Toonie Dog« wenig schmeichelhaft als einen »Abfallfresser«. Richtig scheint, daß sich dieser Hund in die Familien eingeschlichen hat, indem er sich in der Hütte seinen Schlafplatz in der Ecke damit verdiente, daß er zweifellos mit allem Einsatz seine Familie schützte. Er war ein unauffälliges, kleines Geschöpf. Die Wahrscheinlichkeit von Inzucht - die einen bestimmten Typ stabilisiert hätte, wurde durch gelegentlichen, aber engen Kontakt mit Hunden verschiedener Rassen vermindert, welche mit Schiffen von den an der Nordsee liegenden Ländern von Island bis tief im Süden Holland, kamen. Für all diese Menschen waren die Inseln Shetlands Marktplatz und Poststelle. Ihren Hunden boten sie eine willkommene Abwechslung ihres Alltaglebens.

DER EINFLUSS DES BORDER COLLIES Wirtschaft und Ökologie auf dem Festland Schottland veränderten sich durch die Politik der Landaufteilung und Abgrenzung, dies wurde auch auf die Shetland Inseln ausgedehnt. Hierdurch kam es zum Unterhalt großer Herden importierter Schafe zum Aufbau ausgedehnter Schafweiden. Um diese zu hüten, brauchte man planmäßig gezüchtete Schäferhunde des Typs Border Collie. Zweifelsohne führte dies zufällig und auch planmäßig zu züchterischen Veränderungen des Toonie Dogs. Das Ergebnis zeigte sich deutlich in einem neuen Hundeschlag, den Vorfahren des heutigen Shetland Sheepdogs.

AUSBREITUNG DER RASSE Die weitere Entwicklung steht in engem Zusammenhang mit dem aufkommendem Tourismus nach Shetland. Die sommerlichen Besucher nahmen Hunde mit nach Hause, hieraus entstand für die Inselbewohner ein kleiner Nebenverdienst. Dadurch wurde die Rasse auf dem schottischen Festland langsam verbreitet, und unausweichlich verbreitete sich die Zucht auch südlich nach England. Die ersten Shelties erschienen etwa 1906 auf English Championship Shows. Bereits zuvor tauchten Shelties auf Landwirtschaftschauen in Shetland auf. Jetzt aber begannen die Hundefreunde, über die gesamten britischen Inseln ihre Hunde auf Ausstellungen zu zeigen. Im Jahre 1909 sah man im Monat April auf der Dundee Show einige dieser Hunde, einige davon direkt aus Shetland, wenige Wochen später besuchten die gleichen Hunde auch die Ladies' Kennel Association Show in London und kehrten dann in den Norden zur Edinburgh Show zurück.

Das Interesse an dieser Rasse verbreitete sich immer mehr. Eine ganze Anzahl von Rüden und Hündinnen gingen etwa 1910 nach Amerika, wovon einige zweifellos direkt aus Shetland kamen. Andere wurden durch Mrs. Ashton Cross exportiert, die neben ihrer weltberühmten Alderbourne Pekingesenzucht in London ein recht hübsches Hundefachgeschäft besaß, nicht weit vom Ritz Hotel. Ihre Tochter Marjorie züchtete selbst eine Reihe von Sheltiewürfen, aus jedem Wurf ging ein Jungtier nach New York. Recht bald erschienen Shelties im amerikanischen Ausstellungsring. Im Jahre 1915 gewann Lerwick Rex, der erste Champion der Rasse, seinen amerikanischen Titel. Dies geschah einige Wochen ehe Clifford Pat der erste englische Sheltie-Champion wurde.

AUFSTELLUNG DES RASSESTANDARDS Die wachsende Anerkennung der Rasse führte zur Gründung von Spezialzuchtvereinen, 1908 in Shetland, 1909 in Schottland und 1914 in England. Die Rassestandards aller drei Clubs waren sich sehr ähnlich, alle verlangten einen Grundtyp ähnlich dem Collie. Das einzige Problem dieser Formulierungen bestand darin, daß jeder Club einen anderen Collietyp anstrebte. Diese Tatsache und abweichende Auffassungen der einzelnen Züchter führten über viele Jahre zu endlosen Streitigkeiten. Es erwies sich als unvermeidlich, Einkreuzungen von Langhaarcollies durchzuführen. Diese Einkreuzungen - einige offiziell erklärt, andere strikt geheim - brachten zahlreiche Probleme hinsichtlich Größe und Typ mit sich. Aber innerhalb kurzer Zeit führten sie auch zum Erfolg und brachten den Sheltie auf einen höheren Qualitätsstandard, als die Pioniere der Rasse sich je vorgestellt hatten.

»The Toonie Dog«. Die Vorfahren des Shelties hatten ursprünglich die Aufgabe, ins Farmgelände eingebrochene Schafe wieder in die Berge zurückzutreiben.

Der arbeitende Schäferhund mußte bei hartem, nordischem Klima im rauhem Gelände arbeiten. Dementsprechend entwikkelte die Rasse ein warmes, schützendes Haarkleid und einen schnellen, beweglichen, athletischen Körperbau.

Das attraktive Aussehen des Shelties hat ihm als Familienhund wie als Ausstellungs-hund immer mehr Popularität gebracht.

SHETLAND SHEEPDOG

Traurigerweise muß man feststellen, daß über diesen Zeitraum laufender Fortschritte die Verbindungen zu den alten »Toonie Dogs« nach und nach abbrachen. Übersichten über die Ahnentafeln zeigen, wie schnell die Collie-Kreuzungen an Einfluß gewannen, die Bedeutung der »großen Hunde der Vergangenheit« minderten. Aber es ist wichtig zu erkennen, daß viele der Hunderassen, welche die frühen Blutlinien beeinflußten, zu der Vielseitigkeit des heutigen Shelties beigetragen haben. Man braucht überhaupt nicht zu bedauern, daß der Sheltie nur dem Namen nach ausschließlich Schäferhund ist. Sein Rassestandard gewährleistet, daß er immer den gesunden Körperbau eines Arbeitshundes behält. Seine Vielseitigkeit läßt ihn an verschiedene Lebensumstände viel anpassungsfähiger sein als dies bei ausschließlich auf Arbeit gezüchteten Tieren möglich wäre.

Die immer wachsende Popularität des Shelties basiert auf seiner großen Anpassungsfähigkeit und der Tatsache, daß er von einer natürlichen, nicht gekünstelten Schönheit ist. Man braucht kein Ausbildungsexperte zu sein, um einen gehorsamen, angenehmen Sheltie zu haben, ebenso wenig ist es erforderlich, im Wettbewerb »Groomer of the Year« anzutreten, um seinen Hund bildschön zu präsentieren.

DER SHELTIE Wie wurde aus dem Shetland Sheepdog der »Sheltie«? Hierbei handelt es sich keinesfalls um eine liebevolle Verkleinerung aus jüngerer Zeit, vielmehr scheint dies ein Name zu sein, der schon vor sehr langer Zeit vom Shetland Pony ausgeborgt wurde, dessen berechtigter Anspruch auf diesen Namen wahrscheinlich seit Anfang besteht. Einer der alten Wikinger-Namen für Shetland war »*Hjaltland*«. Sprich dies als »*Hjalti*« aus, wie dies die Wikinger wohl getan haben, und alle Sheltiebesitzer quer durch die ganze Welt werden Dich auf Anhieb verstehen.

Kapitel 2

AUSWAHL DES RICHTIGEN WELPEN

DIE RICHTIGE HUNDERASSE Ehe man sich einen Welpen sucht, sollte man sich erst vergewissern, daß man wirklich die richtige Rasse ausgewählt hat. Jeder Fanatiker hält seine Rasse für die beste. Es ist richtig, wenn man all dies Für und Wider über einen Hund zusammenzählt, der sich als ständiger Lebensbegleiter am besten eignet, wird der Sheltie immer in der Spitzengruppe sein. Aber genauso wie Hunderassen sich in Typ und Temperament unterscheiden, so hat auch jeder einzelne Mensch seinen eigenen, bevorzugten Lebensstil, und es gibt sehr viele verschiedene Geschmäcker.

MERKMALE DES SHELTIES Körperlich gesehen ist der Sheltie ein außerordentlich attraktiver Hund. Charakteristisch sind die eleganten äußeren Linien, das dichte, den Körperformen angepaßte Fell mit einer Vielfalt an Farben, schneller, geschmeidiger Bewegungsablauf, schön geformter Kopf mit liebenswertem Ausdruck. All dies spricht das natürliche Schönheitsempfinden des Menschen an. Besonders wichtig ist, alle diese Eigenschaften gelten weitgehend für alle Shelties, so daß - abgesehen vom überkritischen Spezialisten - ein Durchschnittsfamiliensheltie für den Betrachter ebenso wunderschön ist wie der Spitzensieger auf der Ausstellung.

Die geistigen Reaktionen des Shelties sind ebenso schnell wie seine Körperbewegungen. Diese Rasse ist außerordentlich unterordnungsfreudig, immer bestrebt, ihrem Besitzer zu gefallen. Im Vergleich mit den eigenwilligeren Hunderassen ist der Sheltie völlig frei von jedem Wunsch, seinen Besitzer herauszufordern oder ihm gar zu trotzen. Seiner Veranlagung nach möchte dieser Hund Dir gerne gehorchen.

Von jeder Münze gibt es zwei Seiten, wo liegen also für einen Sheltie als Familienmitglied die Nachteile? Sein langes Haar muß gepflegt werden, und natürlich wird es auch gewechselt, bei einigen laufend etwas, aber zumindest einmal jährlich ein kompletter Wechsel; damit muß man sich mit entsprechender Fellpflege auseinandersetzen. Es ist aber bei weitem nicht so schlimm wie es klingt. Anders als bei vielen kurzhaarigen Rassen dringt das Sheltiehaar nicht in Teppiche oder Polster, es liegt vielmehr auf der Oberfläche, so daß es leicht mit einem feuchten Schwamm oder einer entsprechenden Bürste beseitigt werden kann. Von Teppichen wird es vom Staubsauger recht gründlich entfernt.

Schnelle Reaktionen und sein Schutztrieb machen den Sheltie zu einem recht guten Beschützer des Hauses. Sein Bellen ist lauter als seine Körpergröße, je nach den Umständen kann seine Begeisterung, diese Tatsache zu demonstrieren, zu einem Plus- oder Minuszeichen werden. Früher sah man den Sheltie in allererster Linie als einen Hund für ländliche Haltung, wobei er in idyllischer, aber abgeschiedener Umgebung lebt, was die natürliche Reserve der Rasse gegenüber Fremden noch intensiviert. Seine wachsende Popularität hat den Sheltie jedoch auch in eine eng besiedelte, geschäftige Umwelt geführt, was er im Vertrauen auf seinen Be-

OBEN: Das Welpenkleid ist mit acht Wochen nur Puppyflausch, bietet wenig Hinweise, wie das Fell des erwachsenen Hundes sein wird.

LINKS (und vis-à-vis): Blue merle ist die Farbe für den Spezialisten. Bei dieser Farbe haben Hunde zuweilen dunkelbraune oder blaue Augen oder je eines dieser Farben.

OBEN: Erwachsenen-
Haarkleid dreifarbig und
zobelfarben. Farbe wie
Länge des Haars verän-
dern sich dem Alter ent-
sprechend. Niemals
darf man Blue merle mit
Zobelfarbe paaren, eben-
sowenig (mit Ausnahme
sehr erfahrener Züchter)
mit anderen Blue Merles.
Die beste Paarung eines
merlefarbenen Hundes
ist mit dreifarbigen
Partnern.

sitzer durchaus akzeptiert. Heute paßt sich ein vernünftig aufgezogener Junghund recht fröhlich unserer Umwelt an. Obgleich noch immer in allererster Linie ein »Ein-Familien-Hund«, sieht der Sheltie nicht jeden Fremden nur mit tiefem Mißtrauen. Ebensowenig schmeichelt er sich Fremden gegenüber ein.

Mit anderen Hunden ist der Sheltie in der Regel gesellig, mit Ausnahme von Hunden seiner eigenen Rasse. Meist liebt er Katzen und andere Haustiere, toleriert sie alle, leicht läßt er sich auch erziehen, alle landwirtschaftlichen Tiere zu respektieren. Der Sheltie ist kein Zwerg, aber klein genug, um überall sich anzupassen. Er ist ein Hund, der Bewegung - soviel wie möglich - liebt. Shelties sind ideale Lebensgefährten auf dem Land, genießen es, Kaninchen aufzuscheuchen; wenn man dies aber nicht ermutigt, werden sie selten zum wirklichen Jäger.

Achtung! Niemals sollte man die kleine Körpergröße und Eleganz des Hundes mit Zerbrechlichkeit interpretieren. Dies ist eine robuste, langlebige Hunderasse! Zwar wird ein Sheltie auch im Luxus ein glückliches Leben führen, jedes Zuhause zieren; trotzdem ist er seiner Natur nach mehr ein Hund für ein freies Leben. Er braucht eine vernünftige Ernährung, viel Bewegung und vor allem ständige Partnerschaft eines ihn verstehenden Besitzers.

AUSWAHL DES ZÜCHTERS Es gibt eine Unzahl vernünftiger Gründe, die für den Kauf eines Welpen immer den Züchter von gutem Ruf empfehlen. Der große Vorteil liegt darin, daß man sich immer den ganzen Wurf ansehen kann. Vom Züchter erhält man alle notwendigen Informationen, die meisten Züchter sind auch nur zu gerne bereit, mit Rat und Tag auch lange nach dem Verkauf immer zur Verfügung zu stehen. Wie findet man einen solchen Züchter? Am besten fragt man beim international anerkannten Zuchtverein, für die deutschsprachigen Länder haben wir die Vereinsadressen auf Seite 19 wiedergegeben. Natürlich kann man immer nur einen Zwinger besuchen, die man auf diese Weise erfragt. Keinesfalls sollte man sich eine Art Eintagesrundfahrt durch alle Zwinger vornehmen. Viel besser ist es, man nimmt sich Zeit, dadurch kann man auch sehr viel besser sich die Einzelheiten ansehen.

Im allgemeinen sollte man vor dem Welpenkauf nicht loslaufen, sich teure Hundebetten, Schüsseln oder Spielzeug, Leinen oder Halsbänder kaufen. All diese Ausrüstung könnte sich als wenig brauchbar erweisen. Das gleiche gilt für das Futter. Am besten läßt man sich zunächst vom Züchter umfassend beraten, was der Welpe braucht. Häufig erhält man vom Züchter auch über die ersten Tage einen Futtervorrat mit.

RÜDE ODER HÜNDIN Manche Hundekäufer sind für die Frage Rüde oder Hündin völlig offen, andere wiederum - insbesondere beim Kauf des Familienhundes - möchten am liebsten eine Hündin, glauben, daß sie viel sauberer, liebevoller und leichter zu erziehen sei, weniger streune. In Wirklichkeit gibt es zwischen den Geschlechtern im Wesen recht wenig Unterschiede. Der Rüde hat alle die angenehmen Eigenschaften einer Hündin, aber dazu den klaren Vorteil, daß man sich um den Hitzezyklus wie bei der Hündin nicht zu kümmern braucht. Rüden können sogar noch schöner als Hündinnen sein, das besonders üppige Haarkleid und die reiche Mähne verleihen ihnen ein besonders vornehmes Aussehen. Der Sheltie-Rüde hat durchaus keine ausgeprägte »Wanderlust«, ist nur in Ausnahmefällen auf der Suche nach Abenteuern unterwegs.

FARBEN Shelties gibt es in vier Farben: sable, dreifarbig, schwarz-weiß und blue merle, alle diese Farben sind mit weißem Abzeichen verbunden. Einige Hundekäufer haben hinsichtlich der Farbe ihre persönlichen Vorstellungen. Nach meiner Erfahrung sind die sable-weißfarbenen (Zobelfarben) am beliebtesten. Die Farbe kann jedoch täuschen, bei der Wahl eines sable-farbenen Welpen muß man dem Züchter einiges an Vertrauen entgegenbringen. Das Fell im Alter von acht Wochen ist nur Welpenflaum, selbst ein Welpe, der später eine leuchtend goldene Sablefarbe haben soll, wird in diesem Alter recht ausgewaschen wirken. Du solltest nicht zu mißtrauisch auf einen mausfarbenen Welpen schauen, wenn Dir der Züchter versichert, daß innerhalb weniger Wochen sich dieses Fell in eine brillante Kupferfarbe, ein tiefes Rot-Gold verändern wird. Ein schattiges Sable mit das Gesicht einrahmender dunkleren Krause kann sich zum schönsten Gesichtsausdruck eines Shelties auswachsen. Ein ziemlich düsteres Tricolour wird bald viel hübscher aussehen, wenn die ziemlich verwaschenen Markierungen sich zu einer tiefen leuchtenden Farbe umwandeln.

Blue merle ist eine Farbe für den Spezialisten. Im günstigsten Fall kann sie außerordentlich schön werden, im schlimmsten ist sie die wenig attraktivste Farbe eines Shelties. Mit acht Wochen kann ein »gutes Blue merle« recht blaß wirken, sich später zu einer leuchtenden Farbe entwickeln. Die Hintergrundfarbe kann mit gerade genug milchblauer Farbe unterlegt sein, um die Körperfarbe von dem weißen Abzeichen an Halskrause und Läufen zu unterscheiden. Schwarze Markierungen sollten mehr Tupfen als Flecken sein, auf Augenbrauen, Läufen und anderen Teilen treten lohfarbene Markierungen auf, oder auch nicht. Man muß wissen, merlfarbene Hunde haben zuweilen zwei dunkelbraune Augen, aber auch zwei blaue Augen sind genauso korrekt, ebenso verschiedene Augenfarben, eines braun, das andere blau (»odd eyes«); zuweilen sind beide Augen braun mit blauen Tupfen. Wichtig - bei allen anderen Farben, außer merle, sind nur zwei braune Augen standardkorrekt.

Bei allen vier Sheltiefarben schrumpfen im allgemeinen weiße Abzeichen im Umfang. Deshalb kann eine breite Gesichtsblesse recht schmal werden, während eine schmale Blesse völlig verschwindet. Jede weiße Markierung auf dem Körper selbst (mit Ausnahme des Halses) gilt auf Ausstellungen als ernsthafter Fehler, obgleich ein sozusagen »fehlfarbener Junghund« als Familienhund völlig akzeptabel ist, zuweilen besonders hübsch wirkt.

Bei all diesen Variationen in Farben und Markierungen gibt es hinsichtlich der Farben eine breite Auswahl. Die einzige völlig unannehmbare Farbe ist ein reinweißer Welpe (oder nahezu reinweiß), der von zwei bluemerlefarbenen Eltern stammt. Solche Welpen haben häufig ernsthafte Mängel im Seh- und/oder Hörvermögen. Glücklicherweise ist die Wahrscheinlichkeit, daß Dir ein solcher Welpe einmal angeboten wird, nahezu gleich null.

WELPENAUSWAHL Fühle Dich keinesfalls beleidigt, wenn der Züchter vor dem Verkauf Deine Möglichkeiten einer Hundehaltung sorgfältig überprüft. Ein verantwortungsbewußter Züchter versucht sicher zu gehen, daß Du seinen Welpen nicht wieder verkaufst, einen passenden abgeschlossenen Garten besitzt, daß jemand den ganzen Tag über zu Hause ist, wobei man natürlich auf eine bis zwei Stunden auch

OBEN: Mit acht Wochen ist ein Wurf völlig von der Mutter entwöhnt.

LINKS: Ein Welpe sollte leuchtende Augen haben, gesund und sauber sein.

OBEN: Man muß schon fundierte züchterische Erfahrungen haben, um bei einem Sheltiewelpen seine künftige Entwicklung vorauszusagen.

RECHTS: Das Wesen ist ebenso wichtig wie das Äußere. Ein Sheltie sollte immer freundlich und voller Selbstvertrauen sein.

SHETLAND SHEEPDOG

für Einkäufe unterwegs sein kann. Für beide Seiten ist der erste Eindruck von besonderer Wichtigkeit. Ich hoffe, der Züchter wird sich schnell davon überzeugen, daß Du ein passender Sheltiebesitzer bist. Du selbst solltest Dich sorgfältig davon überzeugen, daß die Unterbringung der Hunde sauber, ordentlich und angenehm ist, was bestätigt, daß der Zwinger gut geleitet, die Welpen sorgfältig betreut sind.

Wenn man einem Wurf die Möglichkeit bietet, im Freigelände zu spielen, kann man die Welpen nicht über längere Zeit absolut sauber halten. Ein guter Züchter wird aber sich dennoch darum bemühen. Ein gesunder Welpe sieht nicht nur sauber aus, sondern er fühlt sich auch bei der Berührung gepflegt an. Er erscheint rundlich und mollig, dabei aber keinesfalls fett oder aufgebläht. Wenn man einen Welpen hochnimmt, muß er sich immer etwas schwerer anfühlen als er aussieht. Wirkt ein Welpe überraschend leicht, auch wenn er nicht besonders schlank erscheint, könnte es ihm an Knochensubstanz fehlen, oder ist er ein »schlechter Futterverwerter«. Nie darf sich das Fell bei der Berührung staubig anfühlen, dies ist ein Hinweis auf Flohbefall. Flöhe lassen sich zwar leicht bekämpfen, aber es sollte sie bei Welpen einfach nicht geben.

Das Wesen ist immer ebenso wichtig wie das Aussehen. Ein acht Wochen alter Welpe sollte sich wohl fühlen, wenn man ihn auf den Arm nimmt und streichelt. Wenn er dann aber gerne wieder mit seinen Wurfgeschwistern spielen möchte, rings um Deine Beine, ist dies bestimmt kein Fehler. Achte darauf, daß der Welpe Dir nicht von den Armen springt. Hast Du Kinder, mußt Du unbedingt darauf achten, daß sie nicht versehentlich einen Welpen fallen lassen. Denke zweimal über einen Welpen nach - sehr intensiv! - der vor Aufregung in Panik sich gegen das Festgehalten wehrt, ebenso gründlich über einen Welpen, der auf den Schoß genommen vor Angst sich völlig versteift.

Meine Empfehlung, sich immer die Mutter der Welpen anzusehen, kann für den Züchter etwas unangenehm sein, denn Sheltiehündinnen sehen nach der Aufzucht eines Wurfes meist nicht besonders gut aus. Wenn daher auf Deine Bitte hin eine etwas schäbig aussehende, abgemagerte Hündin hereingeführt wird, solltest Du daraus keinesfalls schließen, daß dies nicht der Champion sein könnte, deren Foto Du so bewundertest. Wahrscheinlich hat sie unter dem Bauch sehr wenig Haar, ebenso wenig unter der Rute, meist wurden ihre »Höschen« abgeschoren. Dies ist eine völlig übliche und vernünftige Vorsichtsmaßnahme, die der Züchter vor der Geburt bei einer langhaarigen Hündin vornimmt.

Der verantwortungsbewußte Züchter wird nur zu gerne mit Dir die Welpen ansehen, Dir die verschiedenen Punkte erläutern, einen Eindruck vermitteln, wie der Welpe hinsichtlich Größe und allen anderen Eigenarten sich herauswachsen wird. Du darfst nicht erwarten, hier eine Miniaturausgabe des ausgewachsenen Hundes zu sehen - Sheltiewelpen gehören zu den schwierigsten, was ihre Bewertung im jugendlichen Alter angeht. Man braucht sehr viel Erfahrung, um mit einiger Genauigkeit die spätere Entwicklung vorauszusagen. Insbesondere die Köpfe verändern sich enorm, im Alter von acht Wochen etwa ist der Kopf verhältnismäßig kurz und gedrungen. Ein hübscher langer, collieartiger Kopf (insbesondere in Verbindung mit starkknochigen Läufen und Knubbelknien) läßt Übergröße erwarten.

Hast Du selbst nicht die Absicht, von Deiner Hündin zu züchten, solltest Du Dich

AUSWAHL DES RICHTIGEN WELPEN

keinesfalls zu einer irgendwie gearteten Zuchtvereinbarung überreden lassen. So groß die Versuchung sein mag, einen versprechenden Welpen zum reduzierten Preis »breeding terms« angeboten zu erhalten, veränderte Umstände könnten später solche Anforderungen sehr schwierig erfüllen lassen. Im schlimmsten Fall könnten Dir sehr viel Ärger und Ausgaben ins Haus stehen.

Kaufst Du einen Rüden, solltest Du nachfragen, ob er klar beide Hoden am richtigen Platz hat. Sogenannten Monorchiden - Rüden mit nur einem abgestiegenen Hoden - sind bei Shelties gar nicht selten. Dies liegt wahrscheinlich daran, daß eine ganze Reihe berühmter Zuchtrüden in der Vergangenheit sogenannte »mons« (Monorchiden) waren. Dieser Fehler ist außerordentlich stark erblich, kommt deshalb von Zeit zu Zeit immer wieder zum Vorschein. In dieser Hinsicht sind Shelties bekannt, sich oft spät zu entwickeln. Ein Welpe mit diesem Fehler könnte als Familienhund völlig geeignet sein, man sollte aber einfach die Tatsachen kennen, ehe man später vom Tierarzt bei der Schutzimpfung darauf hingewiesen wird. Diese Dinge müssen mit dem Züchter besprochen werden.

Du solltest auch nachfragen, ob Dein Welpe (zusammen mit den übrigen Welpen des Wurfes) auf »Collie Eye Anomaly« geprüft wurde. Du solltest Dir auch das entsprechende Zeugnis vorlegen, eine Kopie geben lassen (vergleiche Kapitel 8: Gesundheitsfürsorge). Auch wenn Dein Welpe leichte Symptome zeigt, ist dies selten Anlaß auch für nur die geringste Sorge.

ABHOLUNG DES WELPEN Bei der Abholung Deines Welpen erhältst Du in der Regel neben anderen nützlichen Informationen einen klaren Futterplan. Selbstverständlich solltest Du auch den Nachweis verlangen, daß der Welpe ordnungsgemäß bei einem der unten aufgeführten Rassezuchtvereine eingetragen ist. Vernünftige Züchter haben auf ihrem Informationsblatt auch die eigene Telefonnummer, damit man sie in allen Fragen jederzeit um Rat bitten kann.

Besonders wichtig ist, daß auch klar vereinbart wird, daß falls je der Welpe nochmals umgesetzt werden soll, man dies zunächst mit dem Züchter abspricht. Für einen verantwortungsbewußten Züchter wäre es außerordentlich niederschmetternd, von einem Tierschutzverein später zu hören, daß einer seiner Hunde dort angekommen ist, einfach weil der Hundebesitzer sich zu sehr scheute, über eine solche Notwendigkeit mit dem Züchter zu sprechen. Kommt es zu einer solchen Situation, ist immer der Züchter der richtige Ansprechpartner.

Holst Du Deinen Welpen mit dem Auto ab, muß ein zweiter Erwachsener mit Hundeverstand den Welpen betreuen, am besten legt man sich ein Tuch auf den Schoß, hat einige Papiertücher mit, falls der Welpe reisekrank wird.

WICHTIGE VEREINSADRESSEN:

Club für britische Hütehunde e.V., Ursula Müller, Bahnstraße 8, D-52399 Merzenich (024 21/3 56 72)

Österreichischer Club für Britische Hütehunde, Margit Brenner, Donaufelder Straße 215, A-1222 Wien (0043-2 22/234 762)

Schweizer Shetland Sheepdog Club, Präsident Peter Reber, Altikofenstraße 55, CH-3048 Worblaufen (0041-31/921 71 16)

Es ist von entscheidender Wichtigkeit dafür zu sorgen, daß Dein Sheltie jede Gelegenheit hat, sich mit seiner neuen Umwelt vertraut zu machen.

Kapitel 3

AUFZUCHT DES JUNGHUNDES

HÄUSLICHE VORBEREITUNGEN Auch wenn Du ohne Zwischenfälle zuvor einen anderen Hund hattest - auch einen anderen Sheltie - ist es immer richtig, Zäune, Hecken und Tore darauf zu überprüfen, ob sie hundert prozentig sicher sind, ehe man den Welpen nach Hause holt. Hühnerdraht kann rosten, sich verziehen, in Hekken sterben Teile ab, lassen einem Welpen genügend Platz, um durchzukommen. Am besten man hat Türen mit automatischen Schließern, um sicher zu sein, daß der Welpe keinesfalls aus dem Grundstück gelangt. Ist der Garten von der Garagenzufahrt nicht abgezäunt, muß auch die Garagentür hundesicher gemacht werden. Am besten trennt man die Gartenbereiche vor und hinter dem Haus durch eine feste Abzäunung. Shelties sind überhaupt nicht veranlagt wegzulaufen - ganz im Gegenteil, aber Junghunde sind von Natur aus neugierig, quetschen sich an den unmöglichsten Stellen durch.

Hast Du gerade ein neues Haus bezogen, könnte es besser sein, noch etwas zu warten, solange bis alles auf sichere Einzäunung kontrolliert ist. In der Regel sind Junghunde überhaupt nicht laut, läßt man ihnen aber Aussicht auf die große weite Welt in einem Winkel von 360 Grad rings um das Haus, ist auch ein Junghund schon alt genug, um sein eigenes Territorium zu schützen. Er könnte nur zu gerne den Milchmann, der die Straße entlang kommt, darauf hinweisen oder den in der Nachbarschaft lebenden Hunden durch den Zaun grobe Worte sagen.

ANKUNFT IM NEUEN HEIM Am besten holt man seinen Welpen etwa um die Mittagszeit ab, so daß er bis zur Dämmerung genügend Zeit hat, sich im neuen Zuhause gut umzusehen. Im eigenen Interesse sollte man alles richtig vorbereiten. Am besten bekommt der Welpe an diesem Tag vor der Reise kein Frühstück. Indem man ihn früh genug nach Hause bringt, hat er die beste Gelegenheit, sich mit einem Minimum an Aufregung im neuen Zuhause umzusehen. Wo man den Welpen unterbringt ist eine Frage des gesunden Menschenverstandes. Soll er viel Zeit in der Küche verbringen, muß man natürlich darauf achten, daß keine Elektrokabel am Boden entlang laufen. Der Inhalt offener Regale sollte außerhalb seiner Reichweite sein, weder Plastikbeutel noch andere »kaubare« und möglicherweise gefährliche Gegenstände dürfen herumliegen.

FÜTTERUNG Es ist wichtig, den vom Züchter erhaltenen Futterplan zumindest über die ersten Wochen strikt einzuhalten, Änderungen dürfen nur nach und nach erfolgen. Meine eigene Fütterung im Alter von acht Wochen basiert auf etwa 60 Gramm feingeschnittenem rohen Rindfleisch, ein drittel bis ein halber Liter Milch zuzüglich Kohlehydrate und eine brauchbare Vitamin/Mineralmischung. Dies alles verfüttere ich wie folgt:
FRÜHSTÜCK: Zeralien (beispielsweise Matzinger Flocken) in etwa der Hälfte der täglichen Milchmenge, handwarm angerührt, darin ein halber Teelöffel Honig aufgelöst.

SHETLAND SHEEPDOG

MITTAGESSEN: Halbe Tagesration feingeschnittenes Fleisch, darüber gestreut die Vitamin/Mineralmischung, dazu Welpenzeralienmischung, in einer guten Fleischbrühe eingeweicht, aber nicht zu flüssig.

TEEZEIT: Wie beim Frühstück, aber ohne Honigzusatz.

ABENDESSEN: Kurz vor dem Schlafengehen folgt das Abendessen in gleicher Zusammensetzung wie das Mittagessen, aber ohne Mineralstoffergänzung.

Der Grund, warum die letzte Mahlzeit so spät verabreicht wird, liegt darin, daß sich Junghunde kurz nach dem Fressen immer lösen. Hat er diese Dinge erledigt - möglichst im Garten - lockt man den Junghund mit ein paar kleinen, harten Hundekuchen in sein Lager, man löscht das Licht und beeilt sich, wegzugehen. Über die ersten Nächte werden viele alte Zeitungen, auf denen er sich lösen kann, nahe an sein Lager gelegt. Nach und nach werden diese immer weiter vom Lager entfernt, Richtung Türe.

DER HERANWACHSENDE JUNGHUND Die Fleischmenge wird langsam erhöht, bis der Welpe mit drei Monaten täglich etwa 125 g erhält. Die Milchmenge braucht nicht vergrößert zu werden, trinkt der Hund sie nicht jedesmal sauber aus, wird sie nach und nach weggelassen. Das Fleisch muß nicht länger durchgetrieben sein, man kann es in kleineren Stücken verfüttern und auch Büchsenfleisch einbeziehen. Achte darauf, fette, besonders reiche oder flüssige Nahrung - oder zuviel - können zu Verdauungsstörungen führen.

Im Alter von vier Monaten werden die Mahlzeiten auf drei verringert, die Fütterung zur Teezeit fällt weg, das Abendessen kommt früher. Mit fünf Monaten erhält der Junghund die Fleischmenge für Erwachsene von etwa 170 Gramm - etwas mehr oder weniger, je nach Größe und Appetit. Hinzu kommen drei gehäufte Eßlöffel in Brühe eingeweichter Zeralien, das Ganze wird immer noch auf zwei Mahlzeiten verteilt. Die Morgenmilch kann, wenn der Hund sie nicht mag, durch ein Frühstück mit hartem, trockenem, knusprigem Hundekuchen ersetzt werden. Die Vitamin/Mineralstoffzusätze werden nur bis zu einem Alter von einem Jahr gegeben, dann nur noch, wenn der Hund sie braucht (zum Beispiel während des Fellwechsels). Achtung - immer überprüfen, ob das Futter bereits bei der Herstellung zusätzlich vitaminisiert und mit Mineralstoffen ergänzt wurde, dann fällt die zusätzliche Fütterung von Ergänzungsstoffen weg. Der erwachsene Sheltie braucht täglich nur eine Mahlzeit (früh am Abend ist meist der richtige Zeitpunkt). Noch immer mag er aber als kleines Frühstück wie auch zur Bettzeit zusätzlich ein oder zwei kleine Hundekuchen.

ÄNDERUNGEN DER FUTTERZUSAMMENSTELLUNG Wie schon erwähnt kann man auch Büchsenfutter füttern. Das beste und brauchbarste - meist auch das teuerste - Büchsenfutter enthält am wenigsten Gelee oder Bratensaft. Büchsen sind - insbesondere in der Ferienzeit - außerordentlich nützlich. Es gibt auch ein breites Angebot an Gefrierfleisch, meist im Zoohandel oder bei Spezialgeschäften. Rindfleisch, Lamm, Leber und Backenfleisch erhält man in ganzen Stücken oder bequemer in Ein-Pfund-Packungen, ebenso Huhn, Kaninchen oder Pansen. Wenn man Tischreste (Gemüse, Fisch, u.a.) kleinschneidet und mit eingeweichtem Fertigfutter vermischt, sind sie immer willkommen, bilden aber nur selten guten Ersatz für eine eigene Mahlzeit.

AUFZUCHT DES JUNGHUNDES

KOMPLETTNAHRUNGEN In jüngerer Zeit hat diese Ernährung sehr große Popularität gewonnen. Diese Produkte sind bequem zu verfüttern, alle harte Arbeit wurde uns abgenommen. Wie die Grundnahrungsmittel sind alle Zusätze in Form von Vitaminen, Mineralien und Spurenelementen in idealer Mischung beigefügt. Man darf solcher Komplettnahrung nichts hinzufügen, dies würde die Ausgewogenheit verändern. Diese Mischungen sind - vielleicht - ein großer Segen, obgleich es manchmal Hundebesitzern schwerfällt, die Unfehlbarkeit der Rezepte zu begreifen. Der gesunde Menschenverstand lehrt uns, daß kein Hundefutter gut verkäuflich ist, wenn die Hunde es nicht gerne fressen. Aus diesem Grunde wurde sicherlich viel Forschungsarbeit aufgewandt, um diese Futtermittel sowohl nahrhaft wie auch schmackhaft zu machen. Solange jedoch nicht ebensoviel Überlegung darauf gerichtet wird, dieses Futter auch für das menschliche Auge attraktiv zu machen, werden die Hundebesitzer weiterhin dies oder jenes hinzufügen und die Ausgewogenheit geht dabei zum Teufel!

Obgleich die Verpackung einer Komplettnahrung darauf hinweist, daß stets frisches Wasser für den Hund zugänglich sein muß, enthalten einige Produkte keinen Hinweis, ob dieses Futter trocken oder eingeweicht verfüttert wird. Der Umfang, in dem solches Futter (einschließlich Mixer) sich eingeweicht ausdehnt, ist manchmal erstaunlich. Da Shelties - insbesondere in höherem Alter - gegen Nierenerkrankungen anfällig sind, sollte man dies beachten. Dies ist der Grund, warum ich persönlich das traditionelle Fleisch und die Zeralienmischungen bevorzuge.

LAGER FÜR DEN WELPEN Das praktischste Lager für einen Welpen ist immer ein sehr fester Karton oder eine Leichtgewichtkiste; man schneidet eine passende Tür aus. Ein Welpe wächst so schnell aus einer solchen Kiste heraus, daß es in diesem Alter einfach nicht lohnt, ein eigenes Hundelager zu kaufen. Über die ersten Nächte werden einige Tücher oder ähnlich weiches Material hineingelegt, sie machen ein behagliches, nestartiges Bett. Dieses Material rollt sich leicht zusammen, wird vom Hund auseinandergerissen und beschmutzt. Sobald wie möglich wird es dann durch ein ordentliches Stück synthetisches Material (vet bed) ersetzt. Häufig wurde der Welpe bereits auf einer solchen Einlage beim Züchter großgezogen, sie ist strapazierfähig und leicht waschbar. Da das Grundgewebe sie viel fester ist als ein Tuch, liegt die Einlage flach an, wird wahrscheinlich weniger angekaut, jede Feuchtigkeit sickert nach unten durch. Für den Fall »kleiner Unglücke« sollten einige Lagen Zeitungspapier darunter gelegt und häufig gewechselt werden.

DAS ENDGÜLTIGE HUNDEBETT Das bei weitem zweckmäßigste Hundebett ist eine feste, ovale Plastikschale. Darin gibt es keine Schmutzecken, sie ist groß genug, damit sich der Hund darin sowohl flach hinlegen wie zusammenrollen kann. Wiederum bleibt die Einlage festes Synthetikmaterial - das beste Bett.

Die üblichen Weidenkörbe sind völlig unpraktisch, ja echte Schmutzfänger, tatsächlich sind sie überhaupt nicht sauber zu halten. Das Flechtmaterial verlockt die Welpen zum Kauen, die spitzen Enden sind für Hund wie Besitzer gefährlich. Bohnensäcke und Hundematratzen sehen hübsch aus, aber beide haben ihre Fehler. Bohnensäcke sind für den Hund bequem, wenn er seine anfängliche Vorsicht überwunden hat, aber in der Regel werden sie früher oder später undicht, und gleich wie oft Du den Inhalt wieder erneuerst, immer rieselt die Füllung durch die Ecken. Sowohl

Der Sheltie ist ein lebhafter, intelligenter Hund, erforscht nur zu gerne seine neue Umgebung.

OBEN: Wenn man Komplettfutter verwendet, bedarf es keinerlei Zusätze.

RECHTS: Zum Spielen braucht der Junghund passendes Spielzeug.

SHETLAND SHEEPDOG

Bohnensäcke als auch Matratzen brauchen eng sitzende Bezüge. Aber auch dies führt nicht zu befriedigenden Lösungen, denn der Reißverschluß ist für einen Sheltie immer eine sehr große Herausforderung, und das Erneuern der Reißverschlüsse kann recht teuer werden.

In Amerika sind Käfige und Plastikboxen weit verbreitet, sie werden auch in England und anderen Ländern immer populärer. Für einen Welpen bieten sie gerade in Zeiten hektischer Tätigkeiten im Haushalt einen sicheren Hafen, auf Reisen ermöglichen sie sicheren Transport. Man muß jedoch darauf achten, daß kein Hund über längere Zeitabschnitte auf so kleinen Raum beschränkt wird, muß auch wissen, daß der Sheltie ein aktiver, temperamentvoller Hund, niemals ein Schoßhund ist.

HALSBÄNDER Debatten, ob für Hunde Mikrochips oder Tätowierung wünschenswert sind, werden für die Zukunft geführt, aber bis es soweit ist, ist das Tragen eines Halsbandes eine billige Identifikationsmethode, eine zwingende Anschaffung. Vor Abschluß der Erziehung zur Leinenführigkeit ist für einen Junghund ein weiches, biegsames Katzenhalsband am bequemsten. Für den Alltag empfiehlt sich dann ein dünnes, rund genähtes Lederhalsband. Für einen Sheltie durchschnittlicher Größe paßt das (33 cm) Halsband. Breitere, flache Lederhalsbänder sind für diese Rasse weder sicher noch brauchbar. In Metallhalsbändern verfängt sich das Haar zu leicht.

Das Lederhalsband muß richtig in das Nackenhaar eingepaßt werden, immer so, daß es sicher befestigt ist. Ähnlich dem Pferdebauchriemen muß man notfalls das Halsband nach kurzer Zeit nochmals nachgurten, damit es wirklich sicher sitzt. Dabei ist ein etwas fester gebundenes Halsband immer viel sicherer als ein zu loses. Der Sheltiekopf ist sehr schmal, ein Halsband, das den Hals hochrutscht, wird auch mit Sicherheit über den Kopf schlüpfen.

Häufig wird für Erziehung eine Würgekette empfohlen, keinesfalls darf man sie beim Sheltie über längere Zeit anwenden, sonst wird das Nackenhaar geschädigt. Überraschend bringt ein Leichtgewichtsnylonhalsband mit zusätzlicher doppelter kurzer Würgekette einen recht angenehmen Kontrolleffekt. Es kann sich auch in Situationen als nützlich erweisen, wenn ein Sheltie aus einem gewöhnlichen Halsband herausschlüpfen könnte. Diese Halsbänder kann man durch Schnallen gut anpassen.

LEINEN Nylon- oder Lederleinen sind gleichermaßen brauchbar, nie darf die Leine aber zu dünn sein. Gerade Leichtgewichtsleinen, die sich im Ausstellungsring so gut bewähren, schlüpfen zu leicht durch mit einem Handschuh geschützte Finger, insbesondere bei nassem Wetter. Kettenleinen, selbst die Art mit Ledergriff, sind völlig überflüssig und unbequem. Viel leichter ist es, seinen Sheltie so zu erziehen, daß er weder zieht noch an der Leine kaut.

Jede Leine ist nur so sicher wie ihr Karabiner, Sicherheitskarabiner sind gegenüber den Scherenkarabinern zu bevorzugen, trotz der Bequemlichkeit der Schere. Man sollte Karabiner von Zeit zu Zeit darauf überprüfen, daß sie weder rostig, abgenutzt, noch sonst unsicher geworden sind. Eine leichtgewichtige Nylon- oder Lederleine mit Schlaufe am Ende hat sich bewährt, man kann sie in der Tasche tragen, im Notfall dem Hund die Schlaufe schnell über den Kopf ziehen. Die Gesetzgebung verlangt von Hundebesitzern eine jederzeitige Kontrolle ihres Hundes, hierfür recht brauchbar sind die immer populärer werdenden Ausziehleinen. Sie können für den

Hund auch zum Lebensretter werden.

AUSLAUF Ein sieben Wochen alter, neu ins Haus gekommener Welpe braucht keinerlei extra Auslauf, vielmehr sollte er zunächst in Haus und Garten bleiben, bis sein Impfschutz abgeschlossen ist. Natürlich liebt der Welpe, an allen Aktivitäten ringsum beteiligt zu werden. Man muß aber wissen, daß seine Kapazität zum Spielen durch die Notwendigkeit von Ruhezeiten noch eingeschränkt ist. Auch wenn er bereits Energien zeigt, sollte er nicht zu allzuviel Aktivitäten verführt werden. Wird Dein Welpe immer erneut zum Spiel verführt, erschöpft ihn dies nicht nur körperlich, sondern kann es auch zur seelischen Überbelastung kommen. Der erwachsene Hund dagegen liebt sehr viel freien Auslauf. Völlig unabhängig, ob der Sheltie ursprünglich wirklich eine Arbeitshunderasse war, verlangt der Rassestandard, daß sein Körperbau frei von allen Übertreibungen oder Abnormitäten sein muß. Deshalb ist er ein Hund von großer Schnelligkeit, Aktivität und Ausdauer.

Um seinen gesunden Körper in gut bemuskelter Verfassung zu halten, und auch damit der muntere Geist des Shelties nicht unter Müßiggang leidet, ist täglicher Auslauf eine angenehme Notwendigkeit. Ein zehnminütiger Leinenspaziergang ermöglicht nur eingeschränkte Bewegung. Um Muskeln und Bänder fit zu halten, muß der Hund alle seine natürlichen Gangarten üben, den kurzen Trab, unterbrochen von ausgedehntem Galopp. Natürlich ist ein Spaziergang draußen auf dem Land ideal, aber eine brauchbare Alternative besteht darin, sich mit einem anderen Sheltiebesitzer zusammen zu tun, einen Ausflug in den nächstgelegenen öffentlichen Park zu unternehmen. Vielleicht noch besser - warum legt man sich keinen zweiten Sheltie zu? Wer immer dies versucht hat, wird bestätigen, daß der Spaß und die Freude daran bei weitem die Zusatzkosten übersteigen. Niemand versteht so gut die Art des Spielens eines Shelties wie ein zweiter Sheltie.

Läßt man Shelties auf öffentlichem Gelände frei laufen, muß man sie sorgfältig überwachen. Bestimmt ist der Sheltie in keiner Weise aggressiv, aber auch der ausgeglichenste Sheltie kann sich von einer Gruppe besonders wilder größerer Hunde erschrecken. In solchen Fällen sieht der Sheltie seine einzige Verteidigungsmöglichkeit in der Flucht, ist er aber erst einmal außerhalb der körperlichen und geistigen Kontrolle seines Besitzers, kann er durchaus in Panik verfallen. Ein erschrockener Sheltie, der in vollem Galopp in Richtung Parkausgang davonprescht, bietet einen erschreckenden Anblick. Deshalb ist es immer vernünftig, seinen Hund dicht bei sich zu behalten, wenn so etwas auf ihn zukommt, trotz all der Zusicherungen, daß die anderen Hunde nur mit ihm spielen wollen.

Geht man auf dem Land mit seinem Hund spazieren, ist es immer vernünftig, Weideland oder Privatgrundstücke zu meiden. Zum einen besteht die Gefahr, Wild oder Weidevieh zu beunruhigen, andererseits hat man keine Ahnung, welches Land, welche Ernte oder Bäume möglicherweise mit Chemikalien übersprüht wurden. Glücklicherweise gibt es heute noch immer viel natürliches Land, wo man mit Hunden sicher und ungehindert spazieren gehen kann. Wie lang dies aber noch der Fall sein wird, hängt in sehr großem Umfang von der Bereitschaft der Hundebesitzer ab, Verantwortung für ihre Tiere zu übernehmen.

HUNDE UND AUTOS Die meisten Hunde lieben Autofahrten. Wenn ein Hund das

Ein festes Plastikbett mit bequemer Einlage ist für den Sheltie ideal.

Autofahren haßt, liegt dies meist daran, daß man ihn sehr gedankenlos auf die erste Fahrt mitnahm, ihn einfach in den hinteren Bereich verbannte, ohne ihm durch gutes Zureden die notwendige Sicherheit zu geben. Für einen Welpen ist es eindeutig bequemer, auf dem Schoß eines Mitfahrers gehalten zu werden. Selbst ein Welpe muß dabei Halsband und Leine tragen, so daß man ihn bei einem plötzlichen Stopp oder Ausweichen oder beim unerwarteten Öffnen der Tür gut unter Kontrolle hält. Auch für den erwachsenen Hund empfiehlt sich Leine und Halsband (als Identitätsmarke) bei Autoreisen. Zu dieser Frage gibt es allerdings verschiedene Auffassungen. Die einen sehen dies für etwas gefährlich an, falls der Hund sich dabei irgendwo mit der Leine verhakt. Auf der anderen Seite ist diese Gefahr wesentlich geringer als der Vorteil, daß man im Notfall schnell die Leine festhalten kann, etwa wenn sich plötzlich die Tür öffnet.

Heutzutage reist die große Mehrheit von Ausstellungshunden in eigenen Transportkäfigen. Diese lassen sich entweder zusammenfalten oder auch ständig als fester Bestandteil im Auto nach Maß einbauen. Diese Käfige sind recht bequem, bieten ein Maximum an Ventilation und Beobachtungsmöglichkeit; im Falle eines Unfalls könnten sie eine Lebensversicherung sein.

Der Familiensheltie sollte für Autoreisen erzogen werden, gleich in welchem Teil des Autos er untergebracht wird. Dies gilt besonders für lange Reisen, auf denen sich der Hund entspannen können muß, es bequem haben soll. Vor allem sollte man dem Hund durch eine Kombination des Kommandos »bleib« mit der Leine beibringen, daß er keinesfalls ohne Kommando bei geöffneter Tür herausspringen darf. *Niemals* solltest Du Deinen Sheltie selbständig aus dem Auto springen lassen, ohne daß er

OBEN: Über die ersten Wochen im neuen Zuhause braucht der Welpe keinen gezielten Auslauf, das Spiel im Garten genügt völlig.

RECHTS: Wenn Dein Hund viel mit auf Reisen geht, empfiehlt sich ein Transportkäfig. Dies ist eine sichere und komfortable Unterkunft für Welpen wie erwachsenen Hund.

von Dir an der Leine gehalten wird. Dies gilt insbesondere für Shelties, die Autoreisen nicht mögen, hier mußt Du darauf achten, daß der Hund sicher im Auto untergebracht ist, ehe Du die Garagentür öffnest, andernfalls könnte er auf die Straße flüchten!

Wenn Du mit Deinem Hund einen Ausflug vorhast, solltest Du das Auto immer auf der selben Straßenseite parken, wo Du mit dem Spaziergang beginnst. Geht Dein Hund verloren, wird er in der Regel zum Auto zurücklaufen. Dies ist in Ordnung, vorausgesetzt, er braucht keine Straße zu überqueren, um zum Auto zu gelangen.

Ein Hund, der zu Reisekrankheit neigt, wird nie von alleine zum fröhlichen Mitreisenden. Wenn deshalb Anzeichen bestehen, daß die Reisekrankheit zum Problem wird, sollte man früh etwas dagegen tun. Vom Tierarzt erhält man Reisetabletten zum Ausprobieren. Dabei muß man genau den Anweisungen und der Dosierung, je nach Alter und Gewicht des Hundes, folgen.

Durch sehr viele kurze Fahrten kann man einen Hund an das Autoreisen gewöhnen, immer sollte sich ein angenehmer Spaziergang anschließen. Dies ist deshalb vernünftig, weil sich für den Hund das Auto mit dem gewünschten Spaziergang verbindet. Für die sehr selten auftretenden »Hoffnungslosen« kann sich aber auch das Gegenteil bewähren. Man nimmt diesen Hund mit auf eine sehr lange Reise, über mehrere hundert Kilometer, bereitet ihm ein besonders bequemes Lager, und geht unterwegs mehrfach mit ihm spazieren. Erkennt der Sheltie dann, daß für ihn das Auto die Zufluchtstelle von einer fremden Umwelt ist, reist er möglicherweise am gleichen Tage wieder zurück, ohne überhaupt autokrank zu werden. In derartigen Fällen ist die Übelkeit offensichtlich eher nervlich als körperlich bedingt, nach mehreren langen Reisen wird hoffentlich Dein Sheltie bereits von sich aus fröhlich ins Auto springen.

Die Risiken bei im Auto alleine gelassenen Hunde können nicht zu sehr hervorgehoben werden. Selbst an einem anscheinend kühlen Tag bedarf es nur wenig Sonnenschein, um die Innentemperatur im Auto gefährlich werden zu lassen. Ein heißer Sommertag kann das Auto in kürzester Zeit zur Todesfalle machen. Es ist bestimmt keine gute Idee, dem Sheltie zu erlauben, während der Fahrt den Kopf aus dem Fenster zu strecken. Unabhängig von Verletzungsgefahren ist dies auch für Augen und Ohren gefährlich. Wenn man die Fenster bei der Fahrt wie beim Parken teilweise offenhalten möchte, sichert man sie durch verstellbare Plastikgitter.

Kapitel 4

ERZIEHUNG DES SHELTIE

Der Zeitraum, bis daß das Impfprogramm vollen Schutz bietet, läßt Hund und Besitzer genügend Möglichkeiten, ein Band des wechselseitigen Verstehens aufzubauen, bereits mit einer wichtigen Grunderziehung zu beginnen.

SPRACHSCHATZ Schon ehe Dein Welpe im neuen Zuhause ankommt, hat er eine breite Skala an ungenauen Worten vernommen, möglicherweise auch bereits eine Vorstellung, was »Herein« und »Raus«, »Hier« und »Bleib« bedeuten. Es ist jammerschade, aber an der Spitze allen Vokabulars steht immer das Kommando »Nein!«. Nach meiner Überzeugung braucht man bei einem Sheltie - mit Ausnahme von Unterordnungswettbewerben - die Kommandos nicht »zu bellen«. Bellen ist eine Sache für Hunde, nicht für Menschen. Obgleich die meisten Menschen normalerweise mehr im Konversationston mit ihren Hunden kommunizieren, etwa »komm mit mir« oder »gehe und lege dich hin«, vielleicht auch »George, tue das doch nicht!«, ist für die Hundeerziehung eine klare Wortwahl mit kurzen Kommandos vorzuziehen. Dies ist vor allen Dingen für alle jene Schlüsselworte von großer Bedeutung, die nur im Notfall eingesetzt werden. »Bleib« ist ein sehr nützliches Kommando, anwendbar in vielen Situationen, vom munteren Schnüffeln an der Tür, wenn der Welpe versucht, als erster ins Freie zu gehen, bis zu der möglichen Gefahrensituation, wenn sich eine Autotür plötzlich öffnet. Vielleicht wäre es besser, an der Tür das Wörtchen »Zurück!« einzusetzen, um das »Bleib« für Notfälle aufzusparen, so daß der Hund direkt die Dringlichkeit am Kommando erkennt. Sagt man »Bleib!« muß er »auf der Stelle erstarren«! Dieses eine Wort könnte lebensrettend sein.

HAUSERZIEHUNG Direkt wenn Du mit dem Welpen nach Hause kommst, laß ihn sich erst einmal in der Küche umsehen, danach etwas detaillierter den Garten erforschen, wo er sich möglicherweise gleich löst. Tut er dies tatsächlich, nimmt man ihn auf den Arm, lobt ihn bis über die Wolken, führt ihn ins Haus und verabreicht ihm seine Mahlzeit, die er wahrscheinlich in all den Aufregungen der Reise noch gar nicht vermißt hat. Löst er sich nicht innerhalb kurzer Zeit, nimmt man ihn wieder herein, füttert ihn, nimmt ihn aber sofort wieder nach draußen. Jetzt sollte man mehr Glück haben.

Während der ersten Nächte wäre es unvernünftig, Wunder zu erwarten. Die letzte Mahlzeit bekommt der Hund direkt, ehe Du zu Bett gehst. In diesem Alter (ca. 8 Wochen) folgen Blasen- und Darmbewegungen den eingenommenen Mahlzeiten schnell, aller Wahrscheinlichkeit nach benutzt der Junghund gerne die Zeitungen, die man nahe seinem Bett auf den Boden gelegt hat. Tut er das wirklich, werden die Zeitungen aufgenommen, neue Zeitungen etwas näher zur Tür gelegt. Der Hund erhält tüchtiges Lob, in seinem Lager ein paar kleine Hundekuchen. Als allererstes beim morgendlichen Aufstehen läßt man den Hund hinaus und hofft, daß die Nacht über alles gut gegangen ist - dies ist wirklich alles, was Du vernünftigerweise über die

LINKS: Das Erlernen von »Sitz« gehört zu den Grundanforderungen für jeden wohlerzogenen Hund.

RECHTS: Der Sheltie ist ein intelligenter Hund, vermag schnell zu lernen.

**ERZIEHUNG ZUM
»PLATZ«**

*Beim Kommando
»Platz« ist der Tonfall
von größter Bedeu-
tung.*

*In der Stellung
»Platz« wird der
Hund auf einige
Sekunden festge-
halten, dabei tüch-
tig gelobt.*

ersten Tage erwarten kannst. Nach jeder Mahlzeit und nach jedem Aufwachen muß sich ein Junghund lösen, der Hundebesitzer muß darauf achten, ihn sofort nach draußen bringen. Wenn Du einen Welpenauslauf kaufst, könnte dies zwei wichtige Probleme lösen. Erstens - eine verbreitete Folge der Erziehung zur Stubenreinheit mittels Zeitungspapier besteht darin, daß sich der Welpe so sehr an die Zeitungen gewöhnt, daß er aus dem Garten hineinläuft, um es zu benutzen. Zum zweiten wäre es in Anbetracht des wachsenden Drucks gegen das Verschmutzen öffentlicher Straßen und Gelände richtig, den Welpen zu erziehen, *vor dem Spaziergang* den eigenen Garten zu benutzen. Beide Ziele kann man miteinander verbinden. Der Auslauf wird (mit Zeitungseinlagen) an der Stelle aufgeschlagen, die sich leicht reinigen läßt und von wo aus man leicht den Welpen dazu bringen kann, den Garten anstelle der Küche zu nutzen. Nach und nach lernt Dein Sheltie dann, automatisch den gleichen Platz im Garten zu benutzen. Bei der Erziehung zur Stubenreinheit kann auch ein Hauskäfig Verwendung finden. Dabei werden alle Zeitungen in der einen Hälfte des Käfigs ausgelegt. Da der Welpe seinen Schlafplatz nicht verunreinigen möchte, lernt er diesen Teil als Toilette zu benutzen. Dabei besteht aber immer das Risiko, daß die Gewohnheit, sich im Käfig zu lösen, stärker verankert wird, und mit dem Heranwachsen des Junghundes Schwierigkeiten entstehen, ihm dies wieder abzugewöhnen.

LEINENERZIEHUNG Viele lassen den Welpen anfänglich nur ein Halsband tragen, ohne eine Leine damit zu verbinden. Ich selber benutze eine Ausstellungsleine. Diese läßt sich nicht nur sehr schnell anlegen, dabei wird durch die Halsschlaufe auch der für den Welpen etwas beunruhigende Vorgang, das Halsband anzufassen, um die Leine zu befestigen, vermieden.

Legt man dem Welpen erstmals eine Leine an, leistet er wahrscheinlich Widerstand. Deshalb ist es immer das Beste, mit dieser Übung direkt vor dem Füttern zu beginnen, dabei einen Leckerbissen in die Hand zu nehmen, um den Hund vorwärts zu locken. Am besten hat man einen Helfer dabei, der den Hund anlockt, Du selbst kannst dann in der Geschwindigkeit folgen, um immer die Leine locker zu halten. Es gibt bei den Welpen sehr große Unterschiede, wie schnell sie dies begreifen. Sensible Welpen könnten äußerst zögerlich darangehen, während ein übermütiger Welpe möglicherweise sich ebenso schnell an die Leine wie eine Ente ans Wasser gewöhnt. Lasse Dich nicht beunruhigen, wenn Dein Welpe Zeter und Mordio schreit, in die Luft springt, sich danach dramatisch auf den Boden wirft - vielleicht ist er genau der Welpe, der am schnellsten nachgibt.

Es gibt keinen einfachen Weg für diese Lektion. Du mußt einfach immer weiter und weiter mit dem Hund reden, ihn vorwärts locken, manchmal Zentimeter um Zentimeter. Versuche jeden unnötigen Leinendruck zu vermeiden, sei aber auch bereit, Widerstand zu ignorieren, wenn alles andere versagt. Nach der ersten Lektion hast Du vielleicht den Eindruck, nichts erreicht zu haben, übertrage aber keinesfalls dieses Gefühl auf den Welpen. Nach wenigen Minuten solltest Du ihm sagen, was für ein kluger Hund er ist, ihn aufnehmen, ihn streicheln, danach geht es nach drinnen, erhält er seine Mahlzeit. Am nächsten Tag mußt Du möglicherweise wieder ganz von vorn beginnen, manchmal zeigt sich eine leichte Verbesserung oder - Wunder über

ERZIEHUNG DES SHELTIE

Wunder - er läuft ganz vernünftig nach vorn. Selbst wenn Du zwei oder drei Lektionen brauchst, am Ende steht der Erfolg.

Als allererstes muß der Welpe lernen, nicht unter Deine Füße zu geraten. Immer sollte er links von Dir gehen - vielleicht besser traben - bewege ihn dabei in einer gleichmäßigen Gangart. Ganz gleich ob Du den Hund einmal auf Ausstellungen bringen oder zur Unterordnung erziehen willst, es gibt immer Gelegenheiten, daß Du Deine rechte Hand frei haben möchtest. Ein Sheltie sollte nie an der Leine ziehen, deshalb nimm die Leine immer ziemlich kurz, aber nicht zu kurz, ermuntere Deinen Hund, neben Dir zu laufen, aber nicht so nahe, daß er gegen Dein Bein stößt.

SOZIALISIERUNG Sobald Dein Welpe vollen Impfschutz hat, muß er lernen, sich zwischen anderen Hunden und Menschen zu bewegen. Ist er schon vier Monate alt geworden, kann sich dies als schwieriger erweisen, deshalb solltest Du so früh wie möglich mit diesen Übungen anfangen. Immer mehr Ausbildungsvereine haben die Wichtigkeit der Welpensozialisation erkannt, es gibt eine wachsende Anzahl an Vereinen, die »Welpenspielgruppen« veranstalten.

Die meisten Vereine verfügen für Junghunde zwischen drei und zwölf Monaten über angepaßte Ausbildungsklassen. Die Übungen erfolgen in entspannter Atmosphäre, man lehrt die Junghunde freundlich, ruhig an der Leine zu gehen, sich von verständnisvollen Fremden anfassen zu lassen, sich der Gesellschaft anderer Hunde zu erfreuen, sich ruhig neben ihre Besitzer zu legen, wenn diese ihren Tee trinken.

GRUNDÜBUNGEN Einem wohlerzogenen Familiensheltie sollte man beibringen, alle Grundkommandos zu beherrschen, die den Alltag erleichtern. Man kann diese in einem Ausbildungverein lernen, aber es lohnt sich, mit der Erziehung zu Hause zu beginnen. Viel Übung ist wichtig, keinesfalls darf man erwarten, daß das Lernen des eigenen Hundes auf die Übungsstunden beschränkt bleibt. Diese haben nur Sinn, wenn sie mit häuslichen Übungen fortgesetzt werden.

Das Kommando »Sitz« gehört zu den leichtesten Erziehungsaufgaben, am besten lehrt man es den Welpen direkt vor der Fütterung. Sobald der Hund Kommando und Handlung miteinander verbunden hat, wird er sich auch nur auf Kommando setzen, ohne den zusätzlichen Reiz, sich durch Sitzen seine Mahlzeit zu verdienen. Wenn nicht, wird gleichzeitig mit dem Kommando »Sitz« ein fester Druck auf das Hinterteil das erwünschte Ergebnis bringen.

Die Erziehung zu »Platz« ist der nächste Erziehungsschritt. Von größter Wichtigkeit ist der Tonfall. Erteilst Du Deinem Sheltie in ruhiger, fester Stimme Dein Kommando, begleitet von sanftem Druck auf die Vorhand, wird er die Übung schnell erlernen. Wir haben das Glück, daß Shelties gerne gehorchen, auch Dein Welpe wird, sobald er es versteht, nur zu gerne tun, was Du von ihm verlangst.

Das »Bleib« ist - wie bereits besprochen - ein Schlüsselkommando. Man muß die notwendige Zeit aufwenden, um sicher zu sein, daß der Hund auf »Bleib« absolut gehorcht. Anfänglich hält man den Junghund an der Leine, geht einfach einen Schritt rückwärts, gebraucht ein Handzeichen (Handfläche in Richtung Hund) und erteilt das Kommando: »Bleib!«. Steht der Welpe auf, bewegt sich auf Dich zu, kein Grund, sich zu ärgern. Bringe den Welpen einfach zurück, Kommando »Sitz, Bleib!«, die ganze Übung wird wiederholt. Nach und nach vergrößert man die Entfernung, bei weiterem

OBEN: Bei der Überwindung dieses Hindernisses bedarf es kontrollierter Präzisionsarbeit.

UNTEN: Dusty beweist seine Geschicklichkeit im Hürdensprung - Hunde empfinden Agilityausbildung ebenso stimulierend wie aufregend.

Shelties können sehr erfolgreich an Spitzenwettbewerben teilnehmen. Hier ist der Unterordnungs- Champion Carolelen Sno-Wonder beim Wettbewerb auf Crufts abgebildet.

Fortschritt wird die Übung ohne Leine wiederholt. Geduld ist außerordentlich wichtig! Alle Ausbildungszeiten müssen kurz gehalten und immer in einer guten, positven Stimmung abgeschlossen werden.

Das Kommando »Hier« wird aus »Bleib« entwickelt, obwohl man grundsätzlich diese zwei Übungen getrennt halten muß. Gehst Du hier nicht sehr sorgfältig vor, verwirrst Du Deinen Junghund, beginnt er, das Kommando »Bleib« zu mißachten. Für das Kommando »Hier« wird der Junghund anfänglich angeleint. Erstes Kommando »Sitz«, dann geht man rückwärts zum Leinenende, zuvor aber Kommando »Bleib« mit dem richtigen Handzeichen. Ist man am Ende der Leine, wartet man erst einige Augenblicke, dann erteilt man das Kommando »Hier«, erforderlichenfalls begleitet von einem kurzen Leinenruck. Auch diese Lektion kann nach und nach ausgebaut werden, bis man seinen Sheltie abgeleint sitzend zurückläßt, weggeht, sich umwendet und - nach einer Pause - den Hund zu sich ruft.

DER SHELTIE ALS ARBEITSHUND

Unterordnung Tausende Sheltiebesitzer quer durch die ganze Welt haben an der Ausbildung ihrer Hunde sehr viel Freude, und ihre Shelties haben am Lernen ebensoviel Spaß. Für solche bescheidenen kleinen Kreaturen bietet Arbeit großartige Selbstbestätigung! Grundsätzlich empfehle ich, sich einmal eine Übungsstunde bei einem Ausbildungsverein anzusehen, sich ein Bild zu machen, ob man die Atmosphäre mag. Die meisten Rassezuchtvereine haben eigene Ausbildungsgruppen. Hier hat man die Möglichkeit, gemeinsam mit anderen Sheltiebesitzern zu arbeiten, unter Ausbildungsleitern, die den Sheltiecharakter kennen.

Die englische Unterordnungsausbildung unterscheidet sich wesentlich von der amerikanischen, kanadischen und australischen. Die letzteren Länder bieten für Shelties recht realistische Aufgaben, um die Titel Companion Dog (CD), Companion Dog Excellent (CDX), Utility Dog (UD) und Utility Dog Excellent (UDX) auf Unterordnungsprüfungen zu erreichen. Beispielsweise werden die Sprünge auf die Bedürfnisse der Rasse eingerichtet, wogegen in England für kleinere Rassen nur wenige Zugeständnisse erfolgen. Das Ziel der englischen Übungen ist mehr auf die Arbeit von Polizei und Armee ausgerichtet. In England muß ein Hund mit einer Schulterhöhe von 38 Zentimetern die gleichen Hindernisse überwinden wie ein Deutscher Schäferhund. Trotzdem haben viele Shelties die Qualifikationen CDX und UDX erreicht. In Unterordnung gehört der Sheltie immer zu den drei oder vier an der Spitze liegenden Rassen, ist wohl die erfolgreichste aller kleinen, im Unterordnungswettbewerb antretenden Hunderassen.

Agility Dies ist eine schnell wachsende, sich immer mehr verbreitende Sportart, die geradezu enormes öffentliches Interesse findet. Erforderlich ist eine Grunderziehung in Unterordnung, außerdem körperliche Fitneß von Hunden wie Besitzern. Man muß bei diesem Sport aber immer warten, bis die Hunde voll entwickelt sind. Hunde dürfen während des Wachstums dem körperlichen Streß dieses Sports nicht ausgesetzt werden. Selbst wenn ein Sheltie nicht zum Spitzensieger wird, bringt Agility doch Hund und Besitzer außerordentlich interessante Aufgaben. Näheres findet man im Buch: Ruth Hobday - **Agility... macht Spaß!** (Kynos Verlag).

Flyball Eine weitere Attraktion, bei der es auf Schnelligkeit ankommt! Der Anblick einer ganzen Anzahl von Teams mit unglaublich schnellen Hunden, die loslaufen und den Ball heranholen, danach der Hürdenwettbewerb und Finishs mit Haaresbreite ist für Zuschauer wie Teilnehmer außerordentlich interessant und aufregend!

THERAPIEHUNDE Diese Aufgabe wurde entwickelt, um den Einsatz von Haustieren in der Therapie zu fördern. In England gibt es sogenannte »Pat Dogs«. Nach seiner Zulassung nimmt der Besitzer eines Therapiehundes Verbindung mit der Verwaltung von Krankenhäusern, Schulen, Kindergärten und Altersheimen auf, die sich für Therapiehunde interessieren. Man erwartet von Hund und Besitzer regelmäßige Besuche von Schulen, Patienten oder alten Menschen, von denen viele keinerlei anderen Besuch erhalten. Zuverlässigkeit des Hundes ist von äußerster Wichtigkeit. Solche Besuche sind für viele Menschen nach langen Jahren der Einsamkeit besonders wertvoll. Sie haben sich mehr oder weniger von der menschlichen Gesellschaft zurückgezogen, das Zusammenkommen mit einem Hund könnte langes Schweigen brechen. Der Sheltie ist seinem Wesen nach ruhig und sanft, daher für diese Aufgabe nahezu ideal. Heute bereichern eine stattliche Anzahl von Shelties das Leben Vieler, besonders der Älteren und Unsicheren.

HÜTEARBEIT Wenn auch - wie bereits ausgeführt - der Anspruch der Sheltis, planmäßig gezüchtet Hütehund zu sein, etwas umstritten ist, haben sie dennoch einen guten Schuß Schäferhundarbeitsblut in ihren Adern. Der Rassestandard sichert - mit offensichtlichen Einschränkungen hinsichtlich der Größe - daß der Körperbau der Rasse sie zur Arbeit auf den Farmen durchaus befähigt. In den USA haben gerade in jüngerer Zeit organisierte Hütewettbewerbe viel Interesse gefunden, eine Anzahl Shelties zeigen ausgeprägte Begabung. Diese Neuentwicklung hat sich noch nicht nach England ausgedehnt, obgleich hier seit eh und je Schäferhundeprüfungen (für Border Collies) ein wesentlicher Bestandteil des ländlichen Lebens sind.

Über die Jahre haben gelegentlich Farmer für die Ausstellung gezüchtete Shetland Sheepdogs zur praktischen Hütearbeit an Schafen eingesetzt. Der Sheltie kann jedoch nicht ernsthaft mit dem arbeitenden Collie verglichen werden, was wahrscheinlich vom Gesichtspunkt des Liebhaberbesitzers sogar viel Gutes für sich hat. Der bis in die Knochen geprägte Arbeitshund hat einen tief verwurzelten Arbeitsdrang. Läßt man ihn nicht arbeiten, kann ihn dies so frustrieren, daß es schwierig wird, mit einem solchen Hund zu leben.

GOOD CITIZEN SCHEME Diese Aufgabenstellung wurde in den USA begründet und von vielen anderen Zuchtvereinen weltweit übernommen. Im Grundsatz sollen Hundebesitzer ermutigt werden, ihre Hunde in den Grundübungen der Unterordnung zu erziehen. Es handelt sich um Grundaufgaben, an denen die Hunde geprüft werden, ob sie in einer Vielzahl von Alltagssituationen ruhig und vernünftig reagieren. Gleichzeitig erreicht man, daß sich die Hundebesitzer selbst so qualifizieren, daß sie ihre Haushunde verantwortungsvoll versorgen und erziehen. Besonderen Anklang fand im deutschsprachigen Raum die Erziehung zum *verkehrssicheren Begleithund.*

LITERATUREMPFEHLUNGEN Als weiterführende Literatur wird empfohlen: Heinz Gail - 1x1 DER HUNDEERZIEHUNG • John Rogerson - HUNDEERZIEHUNG… TIERISCH GUT • Dr. Roger Mugford - HUNDEERZIEHUNG 2000 Ruth Hobday - AGILITY… MACHT SPASS! (alle Kynos Verlag).

Kapitel 5

FELLPFLEGE

Ich hoffe, Du hast Dir keinen langhaarigen Shetland Sheepdog ins Haus geholt, ohne darüber nachzudenken, daß sein wunderschönes Haarkleid ein ganz wesentlicher Teil seiner Attraktivität ist. Glücklicherweise ist seine Fellpflege - gleich ob als Ausstellungshund oder Familienmitglied - eine völlig normale Angelegenheit, für jeden Hundebesitzer leicht zu verstehen. Man muß ganz einfach seinen Hund sauber und ordentlich halten, so daß er sich immer wohlfühlt, wunderschön für das Auge anzusehen ist. Die Routinefellpflege braucht - allerhöchstens - eine halbe Stunde wöchentlich. Ganz spezielle Geschicklichkeiten sind nicht gefragt, vielmehr ganz einfach etwas und immer mehr Erfahrung. Es wäre bestimmt eine Geldverschwendung, seinen Sheltie zur Pflege in einen Hundesalon zu bringen.

Bereits im Alter von acht Wochen hat man im allgemeinen dem Sheltiewelpen beigebracht, auf einem Tisch zu stehen, sich von interessierten Freunden wie seinem Besitzer anfassen zu lassen. Hat man einen Hund von frühem Alter an daran gewöhnt, sich auch von Fremden anfassen zu lassen, erleichtert dies die Tierarztbesuche, insbesondere kann sein Besitzer ihm dann auch leichter Zecken oder im Fell verfangene Zweige entfernen. In einem echten Notfall wird man einen Hund, der gelernt hat, sich für die Fellpflege in Seitenlage auf den Tisch zu legen, leichter behandeln, ohne daß er sich loszureißen versucht.

Aus diesem Grunde sollte man auch vor dem Beginn der ernsthafteren Fellpflege alle paar Tage seinen Junghund vorsichtig in einer Art Spiel auf eine nicht glatte Tischoberfläche stellen. Einmal betrachtet man seine Zähne, das nächste Mal kontrolliert man die Pfoten; man kann auch die Ohren nachsehen, jedenfalls gewöhnt man seinen Junghund an derartige Betreuung. Ist der Sheltie dann vier Monate alt, sollte man die notwendige Pflegeausrüstung kaufen, die Fellpflege wöchentlich - möglichst immer am selben Wochentag - durchführen, der feste Wochentag sorgt dafür, daß man die Pflege nicht vergißt.

PFLEGEAUSRÜSTUNG Kauft man von vornherein die wirklich passende Ausrüstung, spart dies sehr viel Zeit und Ärger. Zur richtigen Pflege braucht man:
Bürste: Kaufe keine »gewöhnliche Hundebürste« - unabhängig vom Fabrikat. Für das Sheltiefell brauchst Du eine »Menschenhaarbürste« mit ziemlich langen Borsten (die aus Nylon sein können), verankert in einem Gummisockel. Mason-Pearson-Bürsten (made in England) oder Isinis Bürsten (made in France) sind ideal, es gibt sie in verschiedenen Größen. Am brauchbarsten ist die Standardgröße, die einschließlich Griff 23 cm lang und 7 cm breit ist.
Kämme: Man kauft einen konventionellen Stahlkamm, bei dem am einen Ende die Zähne ziemlich breit auseinander stehen, am anderen dichter zusammen. Dies ist ein Kamm für viele Hunderassen. Es gibt dabei keine großen Unterschiede, Du mußt selbst herausfinden, welcher Kamm Dir am besten in der Hand liegt. Ein Kamm mit

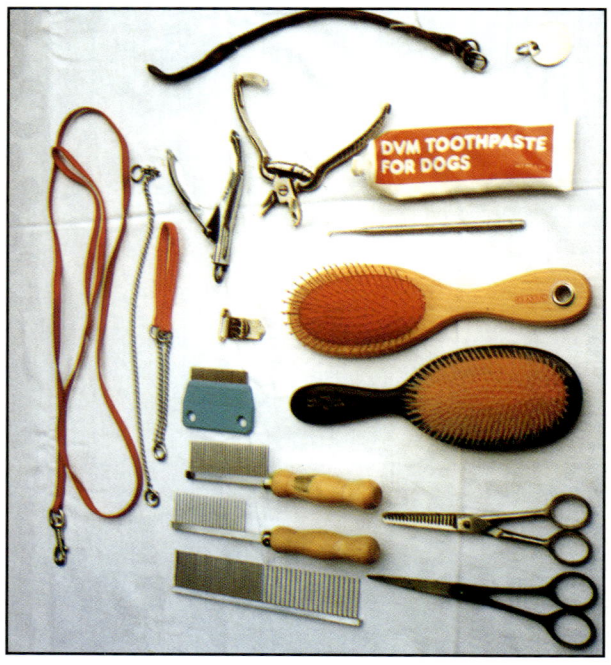

OBEN: Das Sheltie-haar muß regelmäßig gepflegt werden, damit es sich nicht verfilzt oder verknotet.

LINKS: Pflegeausrü-stung, wie sie ein Sheltiebesitzer braucht.

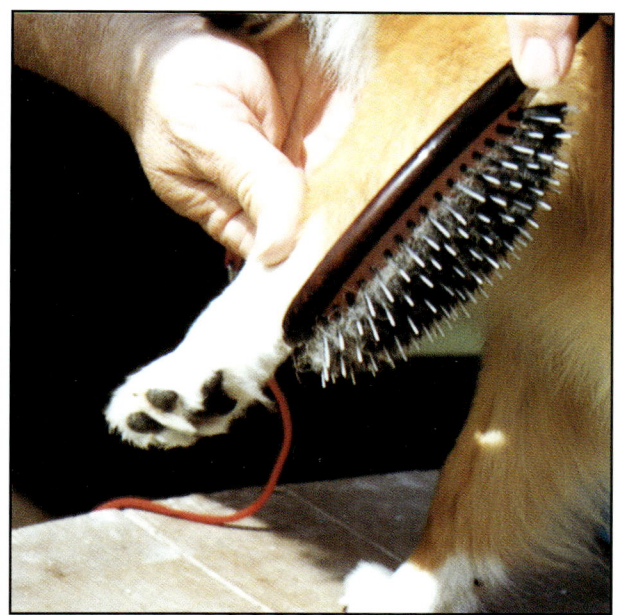

Beim Bürsten des
Shelties muß man be-
sonders auf die Befe-
derung achten.

Die Pfoten sollten in
hübscher ovaler Form
getrimmt werden. Auch
die Nägel werden regel-
mäßig geschnitten.

sehr stumpfen runden Zähnen durchdringt das Fell nicht genug, hierzu braucht man ziemlich scharfe Zähne. Sie dürfen aber natürlich auch wieder nicht so scharf sein, daß die Finger bluten, wenn man mit dem Finger darüberstreicht. Eine kleine Zahnbürste ist gelegentlich auch angebracht.

Schere: Um überflüssiges Haar von den Pfoten zu schneiden, braucht man eine kleine Schere mit stumpfen Enden. Für weiches Haar rund um die Ohren ist eine Ausdünnschere wichtig. Am sichersten wählt man ein Sägemuster. Auf dem einen Scherblatt hat es etwa 40 »Zähne«, das andere ist ein normales Scherblatt. Scheren mit beidseits etwa 20 Zähnen sind nicht zu empfehlen.

Nagelzange: Am sichersten und leichtesten arbeitet man mit Nagelzangen vom Typ Guillotine.

ROUTINEPFLEGE Sie ist eine recht einfache Prozedur, es lohnt sich aber immer, sie ungekürzt durchzuführen. Als erstes stellt man den Hund auf einen Tisch mit bequemer Arbeitshöhe, entfernt loses Haar und/oder angetrockneten Schmutz, indem man das Fell kräftig gegen den Strich, danach wieder in die alte Lage zurück bürstet. Besonders muß man auf die Hosen und die Unterseite der Rute achten. Danach legt man den Hund auf die Seite.

Die Grundidee ist, das Fell in einzelnen Lagen bis auf die Haut richtig durchzubürsten, immer nur gleichzeitig eine dünne Lage. Man beginnt mit dem langen Haar an den Hinterläufen, direkt oberhalb dem Sprunggelenk. Mit der linken Hand wird die Haarfülle zurückgehalten, dann bürstet man eine dünne Lage vor die Hand, trennt diese Partie ab, nach und nach verändert man die Stellung der Hand, so daß immer mehr Fell direkt bis auf die Haut durchgebürstet wird. Je nach Notwendigkeit kann man den Kamm einsetzen, um Verfilzungen zu lösen. Man fährt mit dem Bürsten entlang der gesamten Seite und Vorbrust fort, befaßt sich dabei vorsichtig mit dem feinen weichen Haar an der Innenseite der Flanken und unter den Schultern. Urinflekken beseitigt man, indem sie mit etwas Talgpuder eingerieben, danach wieder ausgebürstet werden.

Danach dreht man den Hund auf die andere Seite, wiederholt den gesamten Prozeß. Dann stellt man ihn auf den Tisch, bürstet den Rücken, rings um die Nackenpartie, die Halskrause, und die Brustpartie, immer auf die gleiche Art. Man nimmt immer nur etwas Fell gleichzeitig, bürstet es bis auf die Haut durch. Der Abschluß besteht in einem kurzen Aufwärtsbürsten gegen den Strich, dann bürstet man das Fell wieder in seine natürliche Lage zurück, ehe man den ganzen Hund sanft über den Körper kämmt, wodurch eine hübsche, fließende äußere Linie entsteht.

PFOTEN Das Sprichwort »Du bist so jung wie Deine Beine« gilt sicherlich für alle Hunde. Saubere, gesunde Pfoten halten den Sheltie bis ins hohe Alter aktiv und beweglich. Spreizpfoten, entstanden durch überlange Krallen und Pfoten, die sich durch Ansammlungen von schmutzigem Haar spreizen, machen Deinen Sheltie immer langsamer, bis er auch noch Übergewicht ansetzt, was das Problem noch verschlimmert.

Läßt Du Deinen Sheltie regelmäßig über hartes Straßenpflaster laufen, hält dies seine Nägel kurz, trotzdem kann von Zeit zu Zeit die Notwendigkeit auftreten, eine Nagelzange zu verwenden. Bei weißen Krallen läßt sich das »Leben« leicht sehen, bei

FELLPFLEGE

dunklen Nägeln ist dies schwieriger. Immer muß man vorsichtig sein, nur die äußersten Spitzen schneiden, die andernfalls immer länger werden und leicht hakenförmig wachsen. Schneidet man ins »Leben«, blutet die Kralle zuweilen recht stark. Ein blutstillender Stift muß verfügbar sein. An den Vorderläufen kontrolliert man die »Daumen« (Wolfskrallen). Meist brauchen sie keine Pflege, wenn man sie aber vernachlässigt, könnte der Nagel rund wachsen und dabei in die Haut dringen.

Als nächstes schneidet man die Außenlinie der Pfote mit der stumpfen Schere in eine hübsche, ovale Form. Danach wird das Haar unter der Pfote so geschnitten, daß es mit den Ballen abschließt. Klumpen schmutzigen, verfilzten Haars zwischen den Zehen müssen zwischen Finger und Daumen aufgelöst, dann mit der Schere ausgedünnt oder gekürzt werden. Es besteht keine Notwendigkeit, alles Haar zwischen den Zehen zu entfernen, denn dies könnte die kompakte Pfotenform verändern. Ein wenig Haar gibt auch den notwendigen Schutz.

Hat man die hinteren Pfoten in Ordnung gebracht, wird das Haar zwischen Pfote und Sprunggelenk ausgekämmt, so daß es rechtwinklig vom Lauf absteht. Dieses wird jetzt mit der Ausdünnschere parallel, aber nicht zu dicht am Knochen getrimmt, ehe man das Haar an die alte Stelle zurückbürstet und mit der Schere die Partie hübsch abrundet. Bei der Rückkehr von sommerlichen Spaziergängen sollte man immer den Hund auf Grassamen kontrollieren, die gerne zwischen den Zehen nach oben wandern, die Haut durchdringen könnten.

ZÄHNE Aus einer Reihe von unerklärlichen Gründen sammelt sich nur allzu gerne Zahnstein an den Zähnen einiger Shelties. Wenn man nicht darauf achtet, führt dies zu starkem Mundgeruch und zur Lockerung und vorzeitigem Verlust der Zähne. Vorbeugung ist mit Sicherheit besser als Heilen, andernfalls könnte es zu teuren Behandlungen unter Narkose kommen.

Die dem Hund angenehmste Vorbeugungsmethode besteht in der Wahl eines schmackhaften, festen Fleischknochens. Ich selbst habe dies über all die Jahre mit nur ein paar wenigen Problemen meinen Hunden gestattet, trotzdem empfehle ich diese Methode nur mit Zurückhaltung, weil doch leichte Gefahren damit verbunden sind. Heute gibt es viele Arten synthetischer Knochen auf dem Markt, wenn Dein Sheltie sie mag (meine ignorieren sie), wäre dies die Ideallösung. Man kann auch Spezialzahncreme für Hunde kaufen, zusammen mit einer Zahnbürste, beides erhält man vom Tierarzt oder aus dem Hundefachgeschäft.

Zahnstein erscheint zunächst im oberen Bereich der Fangzähne. Wurde dadurch nicht bereits das Zahnfleisch zu wund, läßt er sich mit dem Daumennagel entfernen, am besten mit einem zahnärztlichen Schaber. Hat sich Zahnstein aber echt festgesetzt, muß er unter Betäubung vom Tierarzt entfernt werden. Trauigerweise wurde bekannt, daß ein Sheltie eine solche Operation auch einmal nicht überstanden hat. Es gibt Anästhesiemittel, eigens empfohlen für ältere Hunde oder Hunde mit Nieren- oder Leberproblemen, diese scheinen auch für Shelties geeignet. Die meisten Tierärzte haben sie im Bestand und setzen sie auf Anforderung gerne ein.

OHREN Über die Jahre haben die Züchter hart daran gearbeitet, die Ohrhaltung der Shelties zu verbessern. Fallen die Ohren eines Shelties natürlich nach vorn, sind kurz gewachsen, hübsch behaart, brauchen sie wenig oder überhaupt keine Pflege. Bei

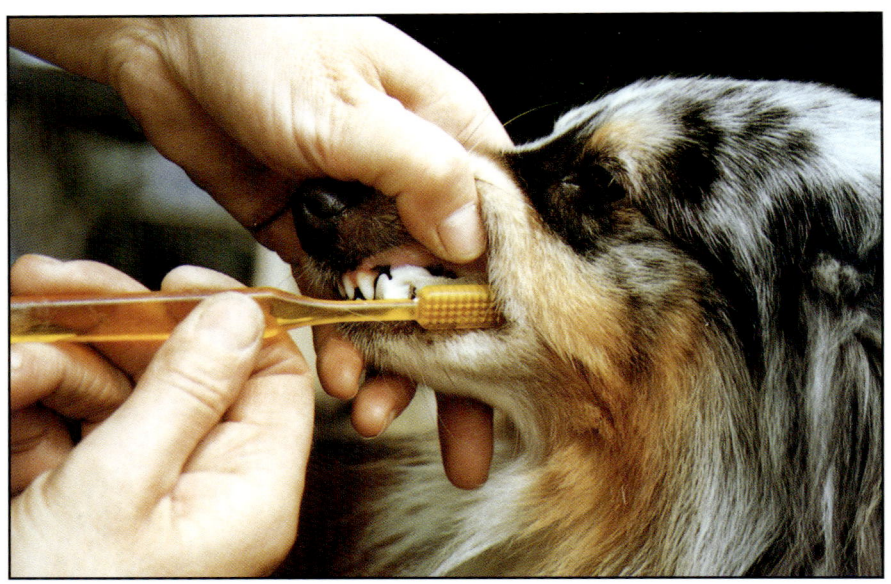

Zähne sollte man nur mit Hundespezialzahncreme bürsten.

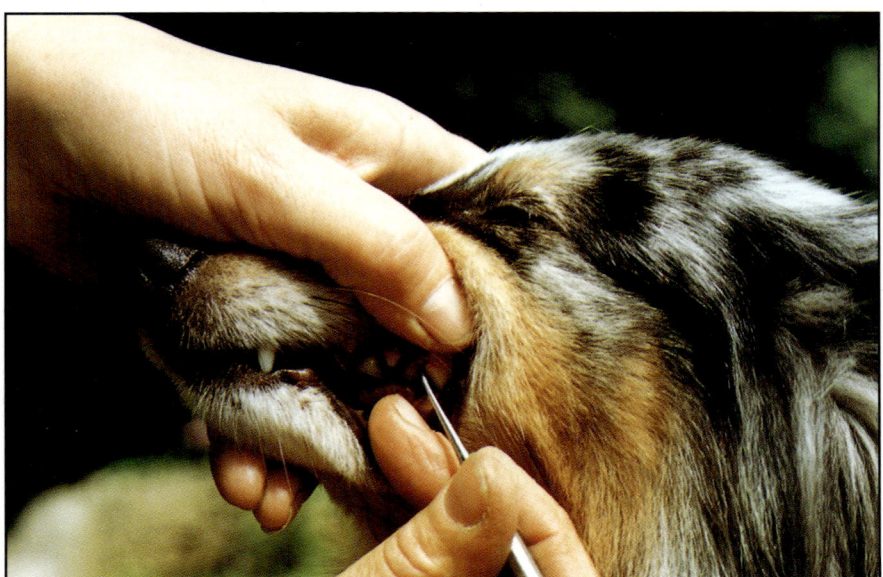

Hat sich Zahnstein an den Zähnen abgelagert, braucht man zur Beseitigung einen metallenen Zahnspachtel.

RECHTS: Während des Zahnwechsels stehen manchmal die Welpenohren aufrecht, korrekt getragen müssen sie aber nach vorne fallen.

Unten: Vor dem Baden muß der Sheltie völlig durchgebürstet und gekämmt werden.

manchen Hunden wächst aber hinter den Ohren so langes, widerspenstiges Haar, daß sie aussehen, als trügen sie Häubchen. Dies Haar muß mit der Trimmschere gekürzt und danach mit Finger und Daumen ausgedünnt werden, bis die Form des Ohrs wieder deutlich erkennbar ist.

Während des Zahnwechsels tendieren manche Welpenohren zum Aufrechtstehen. Deshalb braucht man sich keine zu großen Sorgen zu machen, insbesondere wenn man nicht die Absicht hat, mit dem Sheltie zur Ausstellung zu gehen. Möchtest Du jedoch diesen Trend korrigieren, solltest Du Dich mit dem Züchter des Welpen beraten. Die einzelnen Züchter haben zur Lösung dieses Problems ihre eigenen Methoden, die Behandlung ist auch davon abhängig, ob der Hund später auf Ausstellungen soll. Bei Ausstellungshunden muß jedes Hilfsmittel sich leicht entfernen lassen.

Für den Familiensheltie glaube ich, daß ein dicker Batzen antiseptischer Creme, unter der kritischen Ohrspitze angebracht, die am wenigsten komplizierte Methode darstellt. Um die Creme an Ort und Stelle zu halten, brauchte man sie nur mit Talkum zu überpudern. Das Talkum wird nur nach und nach absorbiert, und langsam fettet die Salbe durch. Wende weiter Talkumpuder an und drücke den Klumpen beim Eintrocknen mit dem Daumen flach. Dann solltest Du alles so belassen, es wächst sich mit dem Haar aus. Dieser Auswachsprozeß braucht eher Wochen als Tage. Bis dann sollte die Ohrhaltung korrigiert sein, andernfalls muß man von vorne beginnen.

Amerikanische Züchter wenden raffiniertere Methoden zur Ohrenkorrektur an. Einige Vorbeugemaßnahmen werden routinemäßig eingesetzt, ohne abzuwarten, ob eine Korrektur überhaupt erforderlich ist. Neben dem erwünschten Abknicken (»Drop«) des Ohrs wird auch der Winkel, in dem das Ohr getragen wird, korrigiert oder vorweggenommen. Durch Pflasterstützen werden die Welpenohren näher zusammengezogen und direkt über dem Kopf verklebt. Derartige Methoden können außerordentlich wirksam sein. Hierzu bedarf es jedoch beachtlichen Geschicks; der unerfahrene Hundebesitzer braucht Rat und Hilfe, ehe er die notwendige Geschicklichkeit erworben hat.

Glücklicherweise wurden zur Beseitigung dieses Problems gute züchterische Fortschritte erzielt, heute ist das natürlich getragene Ohr viel mehr die Regel als die Ausnahme. Für viele Züchter ist Ärger mit Ohren nur noch ein gelegentlich auftretendes Phänomen.

BADEN Wird Dein Sheltie wöchentlich gepflegt, braucht er kein häufiges Bad. Bei Familien- wie Ausstellungshunden dient das Bad dazu, um am Ende des Haarwechsels letzte Spuren alten Haares zu entfernen, sicher zu stellen, daß die Haut sauber, frei von Schuppen ist, ehe das neue Haar zu wachsen beginnt.

Ausstellungshunde sollte man baden, wenn das Haar Leuchtkraft und Glanz verliert. Trockenshampoo ist dabei selten eine gute Hilfe, in der Regel fühlt sich danach das Fell stumpf an, auch ist es für den Hund unangenehm. Bei Ausstellungshunden muß man direkt vor jeder Ausstellung alle weißen Markierungen peinlich sauber waschen.

Für das Hundebad ist die Badewanne nicht immer der beste Platz, nicht alleine aus hygienischen Gründen - da sich das Bad leicht reinigen läßt - sondern weil man einen Hund auf dem Boden der Badewanne nicht besonders gut baden kann - all

FELLPFLEGE

dieses Bücken und sich Strecken ist für Deinen Rücken oft eine Qual! Eine große Wanne in einem Arbeitsraum - das wäre ideal. Es gibt Hundebadewannen, die nicht eigens installiert werden müssen, aber diese bedeuten schon eine beträchtliche Investition.

Vor jedem Baden muß Dein Sheltie gründlich gebürstet und gekämmt werden, andernfalls klumpt und verfilzt alles lose Haar, braucht man später Stunden für das Trocknen und Auskämmen. Dies gilt besonders für den Fellwechsel. Shelties lassen sich in der Regel das Baden gerne gefallen, trotzdem ist es wichtig, sich eine wasserdichte Schürze vorzubinden, ehe man handwarmes Wasser einlaufen läßt und alle notwendigen Hilfsmittel bereitstellt.

Man braucht Spezialhundeshampoo (falls erforderlich Antiinsektizid) gut abgefüllt und aufgelöst in einer Plastikflasche, ein Stück Seife, einen Plastikkrug zum Abspülen des Haares und eine Menge saubere, warme Tücher. Hervorragend geeignet sind Fußbodentücher Typ Vileda, da sie überraschende Wassermengen im ersten Trocknungsprozeß absorbieren, immer wieder ausgewrungen werden können.

Man sollte seinen Hund sitzen lassen, während man ihn ringsherum mit Wasser überschüttet - keine leichte Aufgabe, da das Sheltiefell seiner Struktur nach wasserabweisend wirkt. Als erstes wäscht man Läufe und Pfoten mit Kernseife, die man leicht ins Haar und zwischen die Zehen reibt. Dann beginnt man von hinten, darf dabei die Rute nicht vergessen und arbeitet bis zum Schulterbereich viel Shampoo ins Fell. Natürlich darf man die Bauchpartie und die Innenseiten der Schenkel nicht vergessen. Das Shampoo wird abgespült, erneut eingerieben, was jetzt leichter fällt. Dann befaßt man sich mit Halspartie und Brust, wobei wiederum zweimal shamponiert wird. Keinesfalls darf man in den allgemeinen Waschprozeß Kopf oder Ohren mit einbeziehen. Dies erfolgt vielmehr direkt vor dem Abspülen, wobei man sorgfältig darauf achtet, daß keinerlei Shampoo in Nase, Augen oder Ohren kommt.

Zum Abspülen verwendet man frisches, handwarmes Wasser, überspült zumindest zweimal den ganzen Hundekörper. Danach wird der Hund aus dem Wasser genommen, zuvor ein Teil der Nässe ausgedrückt, ehe man ihn mit den Tüchern nacharbeitet.

Ist der Hund teilweise abgetrocknet, vollendet man das Trocknen mit einem elektrischen Fön. Wenn Du Deinen Hund durch Wahl der höchsten Leistungsstufe oder großer Hitze nicht beunruhigst, dann tolerieren die meisten Hunde den Fön, haben sogar Freude daran. Ist der Hund nahezu trocken, legt man ihn am besten auf eine Seite, so daß man ihn wie gewöhnlich mit Bürste und Kamm, aber zusätzlich mit dem Fön behandelt. Ehe man seinen Hund in seine Lieblingsecke entläßt, vergewissert man sich, daß er völlig trocken ist, sonst besteht die Gefahr, daß sich das Fell durch das Liegen wellt. Solche Wellen sind später außerordentlich schwierig wieder aus dem Haar zu entfernen.

OBEN: Der Richter überprüft jeden einzelnen Hund auf seinen Körperbau.

LINKS: Man muß dem Sheltie beibringen, sich in Ausstellungspose vorteilhaft zu präsentieren.

Kapitel 6

DER SHELTIE AUF AUSSTELLUNGEN

Ist Hundezucht bereits ein teures, den ganzen Menschen in Anspruch nehmendes Hobby, dann ist das Hundeausstellen eine zwingende, finanziell aufwendige Angelegenheit! Dabei ist es völlig natürlich, daß ein stolzer Hundebesitzer, der sich einen versprechenden Junghund gekauft oder gezüchtet hat, nur zur gerne seinen Hund gegenüber anderen Shelties in Wettbewerb stellen möchte. Es ist kaum möglich, all die Mühen richtig zu erklären, vom frühen Aufstehen, ständigen langen Autofahrten bis zu den immer wieder anstehenden Bestehen gegenüber Wetterextremen. Ebenso wenig lassen sich die endlosen Geldausgaben darstellen - immer nur in einer Richtung, denn es gibt auf Ausstellungen kein Preisgeld. Eine überraschende Tatsache, das Ausstellen von Hunden führt recht schnell zu einem exzentrischen, aber immer wieder amüsanten Leben.

Hat Dich erst einmal das Ausstellungsfieber gepackt, gibt es kaum mehr ein Zurück!

SHETLAND SHEEPDOG

DAS AUSSTELLUNGSGESCHEHEN
England: Hier herrscht ein kompliziertes Ausstellungssystem. Einige Ausstellungen sind eine unterhaltsame Freizeitbeschäftigung, so aufgebaut, daß Ausstellungschampions, Challenge Certificate Winner und andere Hunde gar nicht erst in Wettbewerb treten dürfen. Man möchte vielmehr jungen Hunden und Ausstellern Möglichkeiten eigenen Gewinnens schaffen. Der harte Wettbewerb findet auf Championship Shows statt, auf denen Challenge Certificates (CCs) angeboten werden. Um den Titel Champion zu erlangen, muß ein Hund zumindest drei CCs unter drei verschiedenen Richtern gewinnen.

United States: Auch hier gibt es eine Vielfalt von Ausstellungen, Spezialausstellungen, Ausstellungen bestimmter Rassegruppen und Championship Shows. Nur auf Championship Shows werden Punkte für das Championat vergeben, insgesamt braucht der Champion fünfzehn Punkte von drei verschiedenen Richtern, je nach Konkurrenzdichte auf der Einzelausstellung sind drei bis fünf Punkte zu erzielen. Besonders stark im Wettbewerb stehen die jährlichen Clubausstellungen der einzelnen Rassezuchtvereine. Sie bieten einen erstklassigen Überblick über den Stand der Rasse.

Deutschland und FCI: Abweichend vom englisch/amerikanischen Ausstellungsgeschehen geht es auf deutschen und FCI-Ausstellungen primär um die Qualifikation des Einzelhundes. Wertnoten reichen von vorzüglich über sehr gut, gut, befriedigend, ausreichend bis ungenügend. Jeder Hundeaussteller erhält einen detaillierten Richterbericht, aus dem sich Vorzüge und Fehler seines Hundes ergeben. Hinzu kommen die Ausstellungsplazierungen, wobei in der Regel der beste Rüde und die beste Hündin auf internationalen Championatsausstellungen ein CACIB - die Anwartschaft zum internationalen Championat erringen können. Um den begehrten Titel »Internationaler Schönheitschampion« zu erreichen, braucht ein Hund im FCI-Raum viermal CACIB in drei verschiedenen Ländern unter drei verschiedenen Richtern, mit einem Mindestabstand von zwölf Monaten zwischen dem ersten und dem letzten Gewinn.

AUSSTELLUNGSVORBEREITUNGEN Am besten besucht man zunächst eine Hundeausstellung als Zuschauer, hier kann man eine ganze Menge lernen, was von den Wettbewerbern wirklich verlangt wird. Die Fellpflege entspricht weitgehend der normalen Fellpflege der vergangenen Monate. Vor der Ausstellung badet man je nach Bedarf seinen Hund, aber immer müssen die weißen Markierungen gründlich gewaschen werden, auch sollte man vor der Ausstellung Ohren und Pfoten erforderlichenfalls trimmen.

Auf englischen Ausstellungen ist heute die einzige Vorbereitung für den Ausstellungsring ein Routinebürsten und Kämmen, wobei möglicherweise etwas Wasser ins Fell gesprüht wird, um es »anzuheben«. Weitere Hilfen sind nicht zulässig. Es ist immer interessant zu beobachten, wie hier von den alten Ausstellungshasen die Hunde in letzter Minute nochmals zurechtgemacht werden. Bitte diese Aussteller während der Ringvorbereitung ihres Hundes nicht stören, nach dem Wettbewerb geben sie sicherlich den Neulingen interessante Tips und Hinweise über geeignete Werkzeuge.

IM AUSSTELLUNGSRING Alle gemeldeten Hunde sind in einem Katalog aufgeführt, die vorgeführten Hunde und deren Abstammung kann man aufgrund der Ringnummer identifizieren. Die Rassen werden nach Alter, Geschlecht und - in England - vorausgegangenen Siegen aufgeteilt. Zunächst werden alle Hunde entgegen dem Uhrzeigersinn am Ringrand bewegt, danach kommt jeder Hund auf den Richtertisch, wird auf seine Anatomie überprüft. Nach der Standmusterung auf dem Tisch wird der Bewegungsablauf des Einzelhundes demonstriert, zwischenzeitlich wird bereits der nächste Hund auf dem Richtertisch zur Einzelmusterung vorbereitet. Immer sollte sich der Aussteller so verhalten, daß er erforderlichenfalls seinen Hund genau kontrolliert, ansonsten sollte er alles weitere dem Richter überlassen. Jeder Hund wird entsprechend den Anweisungen des Richters durch den Ring geführt.

Es gibt in vielen Städten Übungsmöglichkeiten für das Ausstellungstraining. Hier lernt man den Hund im Dreieck zu bewegen, den vorhandenen Raum zu nutzen, die Wendungen so geschmeidig wie möglich vorzunehmen, um den Hund im Bewegungsablauf nicht zu stören. Im Ring sollte man immer daran denken, daß der Hund zwischen Vorführer und Richter läuft. Bittet man Dich, den Hund in gerader Linie vorzustellen, möchte der Richter den Bewegungsablauf von vorne wie von hinten kontrollieren. Bewegt sich dabei der Richter an eine Ringseite, möchte er den Bewegungsablauf im Profil sehen. Auch hier achte man immer darauf, daß der Hund zwischen Vorführer und Richter läuft. Sind im Ring eigene Vorführmatten ausgelegt, sind diese für den Hund, nicht für den Führer. Es ist zwar traurig, aber wahr, wenn wir nicht gerade als Vorführer im Ring flach auf das Gesicht fallen, interessiert es niemanden, ob wir in der Bewegung unsere Füße nach innen oder außen setzen!

Sind alle Hunde in der Bewegung vorgeführt, werden die Wettbewerber nochmals zur abschließenden Entscheidung des Richters aufgebaut. Dies gibt auch den am Ringrand stehenden Hundefreunden eine gute Gelegenheit, die Hunde zu beurteilen, ihre eigenen Wertungen vorzunehmen und zu überprüfen, wie weit diese mit den Endplazierungen des Richters in Übereinstimmung stehen.

WORAUF ES ANKOMMT Aufgabe des Richters ist es, jeden einzelnen Hund mit dem Rassestandard zu vergleichen. Der Rassestandard ist das Zuchtziel, er wurde von den Rassespezialisten aufgestellt und danach durch die nationalen Rassezuchtvereine anerkannt und veröffentlicht.

Kurz gefaßt, der Richter erwartet einen kleinen Arbeitshund zu sehen, mit üppigem Haarkleid, und der Sheltie sollte ein starker und aktiver Hund sein, geschmeidig und anmutig, nie grob oder plump. Die äußere Linie verläuft symmetrisch, so daß kein Körperteil proportional im Mißverhältnis zum gesamten Hund steht. Der elegante, glatt geformte, keilförmige Kopf wird auf einem langen, gut gebogenen Hals getragen, der wiederum in eine elegante Rückenlinie weich übergeht. Und dieser Rücken wird von einer langen, tief angesetzten und tief getragenen Rute abgeschlossen. Die Augen sind von mittlerer Größe, mandelförmig und dreieckig eingesetzt. Zusammen mit den halbaufgerichteten aufmerksamen Ohren verleihen sie dem Hund einen munteren, freundlichen, liebenswerten Ausdruck.

Der Körper ist vom Widerrist bis zur Kruppe immer etwas länger als seine Widerristhöhe. Der Brustkorb sollte bis zu den Ellbogen hinabreichen. Die Vorderläufe stehen gerade, haben kräftige, aber keine übertrieben schweren Knochen.

Die Pfote muß hübsch oval geformt sein, gut aufgeknöchelt, mit gut gepolsterten

In England wie auf dem Kontinent werden bei Championship-Ausstellungen für die Hunde Boxen bereitgestellt, dies gilt nicht in den United States.

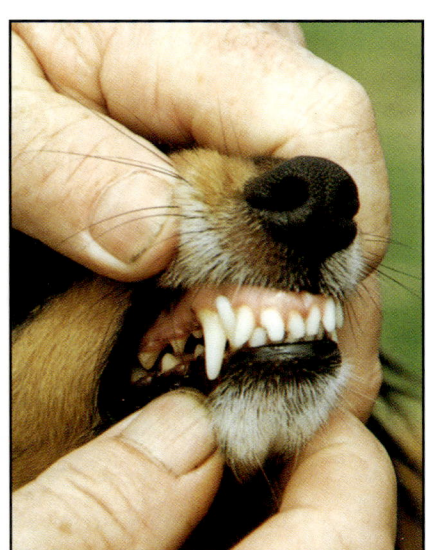

Hier wird der Hund auf korrektes Scherengebiß überprüft.

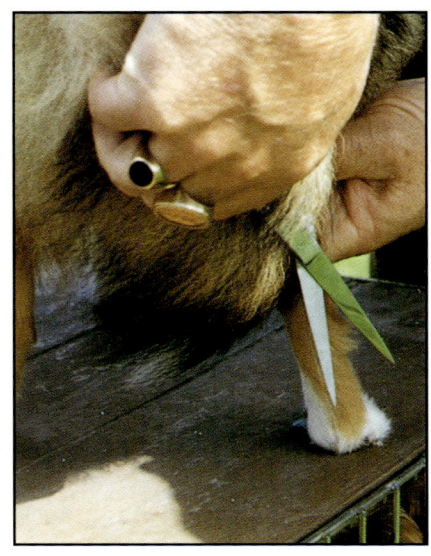

Durch Abschneiden der Befederung wird die äußere Linie der Läufe hervorgehoben.

Ch. Jack Point of Janetstown. Der englische Richter bevorzugt einen reich behaarten Arbeitshund, mit eleganter äußerer Linie, fein gemeisseltem Kopf und freundlichem Ausdruck.

Foto:
Anne Roslin-Williams.

Beltane Chip of the Old Block. Der amerikanische Richter achtet auf einen stärker geneigten Kopf mit etwas kräftigerem Unterkiefer, bevorzugt auch etwas kräftigere Knochen.

SHETLAND SHEEPDOG

Ballen. Die Hinterhand sollte gut bemuskelt und gut gewinkelt sein. Zu den Einzelheiten des Zusammenspiels und der Funktion von Vor- und Hinterhand, woraus die korrekte anmutige, weiche, elegante Bewegung entsteht, sollte man den auf Seite 3 wiedergegebenen Rassestandard sorgfältig studieren.

Möglicherweise plaziert ein amerikanischer Richter die Hunde etwas anders als sein englischer Kollege. Die Standards sind zwar weitgehend identisch, unterscheiden sich aber doch in einigen Kleinigkeiten. Bei der Kopfbeurteilung achtet der Amerikaner auf eine etwas andere Keilform, bevorzugt möglicherweise einen etwas stärker geneigten Oberkopf mit einem etwas kräftigerem Fang. Der geforderte kräftige Unterkiefer weist darauf hin, daß der Amerikaner von der Seite gesehen einen etwas stumpferen Kopfkeil bevorzugt.

Der amerikanische Standard verlangt nur »etwas« dreieckig geformte Augen, wünscht die Ohren dreiviertel aufrecht getragen, wiederum eine Kombination, die den Ausdruck leicht verändert. Dem amerikanischen Sheltie wird in der Erregung eine etwas fröhlichere Rutenhaltung gestattet. Hinzu kommt, daß in Amerika nicht eigens ein tiefer Rutenansatz verlangt wird; dies ist eine Erklärung, weshalb dem englischen Richter das Hinterteil eines American Sheltie manchmal etwas rechtwinklig erscheint.

Abschließend steht noch die Größenfrage, wiederum ein offensichtlich wirklich geringfügiger, aber dennoch erkennbarer Unterschied. Die ideale englische Schulterhöhe beim Sheltierüden beträgt 37 cm, bei der Hündin 35,5 cm. Nach der englischen Kennel Club-Sprache sind ein Zentimeter mehr oder weniger als »außerordentlich unerwünscht« (highly undesirable) deklariert. Hier ist der amerikanische Standard weniger genau, verlangt eine Gesamthöhe zwischen 13 und 16 Inchs (33 cm bis 40,6 cm), ohne zwischen den Geschlechtern zu differenzieren. Hunde mit Einzelmaßen über und unter diesen Schulterhöhen werden in den USA disqualifiziert. Dieses Problem ist mehr von der Natur als vom Menschen geschaffen, denn tatsächlich gibt es eine Art natürlichen Trend, wenn es sich um kleine Rassen handelt - wodurch die obere Grenze begünstigt, nach und nach zur Norm wird.

Kapitel 7

SHELTIEZUCHT

ZÜCHTEN - JA ODER NEIN? Hundezucht ist ein äußerst fesselndes Hobby, aber sie ist auch teuer und möglicherweise mit Problemen verbunden. Zuweilen gibt es auch rechtliche oder umweltbedingte Schwierigkeiten, deshalb ist es sehr ratsam, nachstehende praktische Überlegungen rechtzeitig anzustellen.

1. Es ist nie notwendig, mit einer Hündin einen Wurf zu ziehen »weil es gut für ihre Gesundheit wäre«!

2. Weltweit empfehlen zahlreiche Fachkundige - nicht zuletzt alle jene, die sich mit den Problemen hundlicher Überbevölkerung befassen - Rüden wie Hündin kastrieren zu lassen. In einigen Städten und Ländern unterliegen kastrierte Tiere sogar niedrigeren Hundesteuern.

3. Mit einer nicht eingetragenen Hündin zu züchten ist nicht nur sinnlos, kann vielmehr zu ernsthaften Problemen führen, wenn man diese Nachzuchten zu verkaufen versucht.

4. Man muß wissen, daß es in absehbarer Zukunft immer schwieriger sein wird, passende Käufer für die eigenen Welpen zu finden. Die Gefahr, möglicherweise unerwünschte Hunde zu züchten, für die man so viel Zeit und Mühe aufgewandt hat, so viel Liebe und Geld, könnte nicht nur körperlich erschöpfen, finanziell enttäuschen, sondern auch seelisch belastend werden.

5. Shelties sind in der Regel gesunde Hunde, frei von anatomischen Abnormitäten, allgemein werfen die Hündinnen problemlos. Dennoch muß man sich vor Augen halten, daß in der Zucht Probleme und Risiken selten weit weg sind, in Wirklichkeit leicht eintreten können!

DIE ZUCHTHÜNDIN Bist Du nach allem sorgfältigem Abwägen des Pro und Kontra noch immer entschlossen zu züchten, solltest Du als allererstes mit dem Züchter Deiner Hündin Kontakt aufnehmen. Rät auch er Dir zur Zucht, solltest Du vorwärtsgehen, möglicherweise kann er Dir bei der Auswahl des richtigen Rüden helfen. (Achtung! In vielen Ländern gibt es Zuchtbestimmungen, wonach der verantwortliche Zuchtverein erst eine Zuchtzulassung erteilen muß, näheres erfährt man vom Zuchtclub).

Natürlich muß der Rüde frei von erblichen Erkrankungen sein. Auch sollte er von seiner Abstammung her zu der Hündin passen, keinesfalls offensichtliche Fehler, die sie selbst hat, verdoppeln. Besonders wichtig ist, daß er eine ganze Reihe vorzüglicher Eigenschaften mitbringt. Alles ganz einfach!?

Mit einer Sheltiehündin sollte man nicht vor einem Alter von 18 Monaten züchten, zu diesem Zeitpunkt steht sie etwa in der zweiten Hitze. Die Mehrheit der Hündinnen sind im Januar und Februar heiß, dies ist eine recht günstige Zeit, denn daraus entsteht ein Frühlingswurf. Das erste Anzeichen der Hitze besteht im häufigeren Urinieren. Beobachte die Hündin genau, achte darauf, ob sich ihre Vulva vergrößert,

Der Zuchtrüde muß anatomisch gut aufgebaut, wesensmäßig sicher und frei von Erbkrankheiten sein.

OBEN: Die Zucht-
hündin muß ein
typisches Exem-
plar ihrer Rasse
sein, ihre Abstam-
mung sollte zu der
des Rüden passen.

LINKS: Dies ist der
Beweis für richtige
Zucht. Von links
nach rechts: Ch.
Forestland Tassel,
Forestland Royal
Bloom und
Ch. Forestland Far-
mers Boy.

ein ganz leichter, cremiger Ausfluß auftritt. Dieser Ausfluß verwandelt sich recht schnell in die Farbe Rot, wird auch immer stärker. Über die erste Woche vergrößert sich die Vulva, wird recht fest und rot. Etwa um den zwölften Tag ist sie noch immer vergrößert, aber weicher und mehr entspannt. In der Regel wird der Ausfluß weniger, farblich heller.

Berührst Du die Hündin hinten, könnte sie Dich empört anschauen und sich schnell setzen - dann ist sie bestimmt noch nicht paarungsbereit. Antwortet sie mit seelenvollem Blick in die Ferne, hebt ihre Rute so, daß sie an der Wurzel geradeaus steht, sich dann aber seitlich dreht, schauen die Dinge schon günstiger aus. Springe deshalb nicht ins Auto, sondern telefoniere zunächst mit dem Rüdenbesitzer, der Dir vielleicht noch einen Rat geben kann, um eine zu frühe Reise zu verhindern. Ehe Du fährst, laß die Hündin sich in Deinem Garten lösen, bürste ihre Hosen durch, so daß sie nicht durch Extreme verschmutzt sind, reinige sie aber nicht von Ausfluß.

DIE PAARUNG In der Regel übernimmt der Rüdenbesitzer bei der Paarung das Kommando, Deine Hilfe wird aber sicherlich geschätzt, durch Deine Anwesenheit ist Deine Hündin vertrauter. Erstlingshündinnen können plötzlich kapriziös werden, deshalb mußt Du plötzliche Bewegungen Deiner Hündin unterbinden. Der Rüdenbesitzer kümmert sich um seinen Hund. Wenn der Rüde einfährt, kann möglicherweise die Hündin winseln, aber sie wird ruhiger und gelassener, wenn die Verknotung einsetzt. Dies geschieht durch ein Anschwellen des Penis, der durch Zusammenziehen der Muskulatur der Hündin in der Vulva festgehalten wird. Nach ein paar Sekunden wird die Hündin sich in aller Regel beruhigen. Bald kann der Rüde umgedreht werden und alles entspannt sich, wobei aber die Hunde weiter genau beobachtet werden.

Die meisten Rüden hängen zwischen zehn und zwanzig Minuten, dauert es wesentlich länger als eine halbe Stunde, werden es beide Hunde überdrüssig, könnte der eine oder andere versuchen, wegzuziehen oder sich gar auf den Boden zu rollen. Dies muß natürlich unbedingt verhindert werden. Schließlich endet alles natürlich. Es ist richtig, nach der Paarung die Hündin sofort ins Auto zu bringen, ihr ein bis zwei Stunden Ruhe zu geben. Auf dem Weg dahin darf sie nicht urinieren! Danach erledigt man alle Formalitäten mit dem Rüdenbesitzer. Nach der Paarung muß die Hündin unbedingt von anderen Rüden ferngehalten werden, bis die Hitze wirklich mit Sicherheit zu Ende ist.

WARTEN UND BEOBACHTEN Die normale Tragezeit beträgt 63 Tage, Shelties werfen aber häufig einige Tage früher. Einige ziehen den Termin problemlos um vier bis fünf Tage vor. Umgekehrt besteht viel weniger die Neigung, 63 Tage zu überschreiten, was unsere Nerven schont! Erste Trächtigkeitsanzeichen kann man bei der Hündin bereits nach drei Wochen entdecken, wenn ihre Zitzen mehr rosa werden, starker hervortreten. Mit vier Wochen kann der Tierarzt durch Palpation die Schwangerschaft bestätigen. Nur wenig später lassen sich durch ein Ultraschallgerät die Welpen und ihre Bewegungen feststellen, gibt es aber keinen besonders wichtigen Grund, weshalb man unbedingt die Bestätigung der Schwangerschaft braucht, macht es eigentlich wenig Sinn, dafür eine ganze Menge Geld auszugeben.

Während der Schwangerschaft sollte die Hündin normal weitergefüttert und bewegt werden. Beim Spaziergang beobachtest Du eventuell einen dicken, klebrigen, fast farblosen Ausfluß - ein sehr gutes Zeichen, das meist während der ganzen Tragezeit andauert. Nach fünf Wochen füllen sich auch leicht die Flanken, nach diesem Hinweis könnte man damit beginnen, nach und nach die Ernährung der Hündin zu ergänzen. Die Erweiterung erfolgt durch tierisches Protein (rohes Fleisch von guter Qualität), weniger durch Zeralien. Gegen Ende der Tragezeit sollte die Hündin täglich etwa ein Pfund Fleisch erhalten, soviel Milch, wie sie möchte, vorausgesetzt sie verträgt sie - was nicht bei allen Shelties der Fall ist. Keinesfalls kann man sich in diesem Zustand Verdauungsschwierigkeiten leisten. Das Erhöhen der Futtermenge erfolgt nach und nach. Anstelle den Magen durch große Einzelmahlzeiten zu überlasten, teilt man die Futtermenge in drei bis vier kleinere Mahlzeiten auf. Um die Ernährung auszubalancieren, füttert man genügend Hundekuchen, deren Menge aber nicht ebenso gesteigert wird wie das tierische Protein.

Verträgt Deine Hündin keine Milch, sollte ein Kalziumzusatz - gleich in welcher Form - der Nahrung beigemischt werden. Wenn sie pulverförmigen Kalk nicht mag, sie danach ihre Schüssel nicht leert, gibt es auch Tabletten, die man kontrolliert eingeben kann. Bei Schwierigkeiten erhält man beim Tierarzt das passende Calziumpräparat. Über die letzten Trächtigkeitswochen muß man den Auslauf etwas einschränen, insbesondere darf die Hündin nicht springen oder über das Mobiliar turnen, auch in und aus dem Auto ist jetzt menschliche Hilfe angezeigt.

WURFVORBEREITUNGEN Vor, während und nach der Geburt braucht die Hündin mit ihrenWelpen laufende Überwachung. Die erste Entscheidung ist, wo die Hündin werfen soll. Viele Züchter wählen die Küche. Ist die Familie klein, die Küche groß, ist dies meist die richtige Wahl. Ich persönlich ziehe den Frieden und die Ruhe eines Schlafzimmers vor. Fließend kaltes und warmes Wasser, ein Medikamentenschrank, Heizung und Trockenmöglichkeiten sind bei der Hand, niemand anderes wird gestört. Haben deshalb meine Hündin und ich uns entschieden, daß sie jetzt zu schwerfällig geworden ist, um auf mein Bett zu springen, müssen wir es ihr in der Wurfkiste für die kommenden Tage bequem machen.

Möchtest Du mehr als einen Wurf züchten, lohnt es sich immer, eine vorgefertigte Wurfkiste zu kaufen. Handelt es sich aber voraussichtlich um eine einmalige Angelegenheit, reicht eine Holzkiste mit einer Bodenfläche von 76 cm x 50 cm und einer Höhe von 56 cm aus. Darin kann man für einen Sheltiewurf ein bequemes Lager bereiten. Um Einstreu und Welpen zurückzuhalten, muß man quer eine Leiste befestigen; sind die Welpen dann etwas größer, kann diese Leiste wieder entfernt werden, so daß die Jungtiere freien Zugang und Auslauf finden. Am besten bringt man an diese Leiste ein Scharnier an, um sie später herunterzuklappen. Ist die Kiste etwas rauh, könnte man sie mit dicker Wellpappe auslegen, gleichzeitig eine vorzügliche Isolation. Der Boden der Wurfkiste wird mit einigen Lagen Zeitungen bedeckt.

Weiß die Hündin, wo die Wurfkiste steht, begibt sie sich häufig in die Kiste, kratzt hartnäckig an der Einlage. Vielleicht rührt es Dich zu beobachten, wie vorsichtig sie sich selbst in diesem ersten Stadium aus der Box bewegt. Hier regieren bereits die Instinkte. Bis zum Ende der Tragezeit geht das Haar am Unterleib der Hündin weitgehend aus. Dieser Bereich muß sorgfältig gewaschen werden, zusätzlich sollte man seitlich und unter ihrer Rute einiges Haar abschneiden. Allzu leicht verfangen

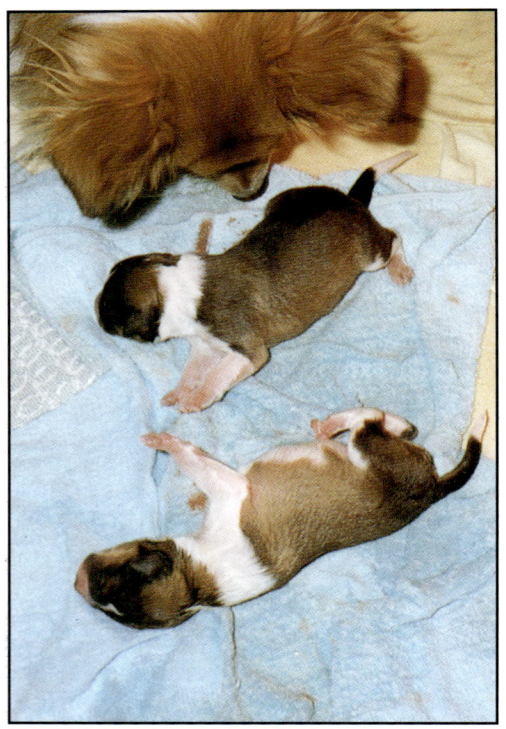

LINKS: Shetland Sheepdog-Welpen eine Stunde nach der Geburt.

UNTEN: Die Hündin säugt ihre vier Tage alten Welpen.

OBEN: Die Welpen müssen sauber und warm gehalten werden, ihre Augen öffnen sich etwa im Alter von 10 bis 12 Tagen.

RECHTS: Im Alter von fünf Wochen werden die Welpen schon mit fester Nahrung gefüttert, werden mehr und mehr unabhängig.

die Welpen sich im langen Haar, das während und nach der Geburt auch ziemlich verschmiert wird. Dabei könnte sich ein Welpe selbst strangulieren oder im Haar verfangen, gegen die Seitenwand der Box geworfen werden, wenn die Hündin zu schnell herausspringt. So lächerlich es klingen mag, es ist richtig, die Welpen durchzuzählen, wann immer die Hündin die Box verläßt. Möglicherweise könnte ein Welpe - in die Petticoats seiner Mutter verfangen - einen ungeplanten Ausflug in den Garten unternehmen.

MERKMALE DER UNMITTELBAR BEVORSTEHENDEN GEBURT Etwa eine Woche vor der Geburt kann man die Bewegungen der Welpen fühlen, zuweilen sind sie sogar sichtbar, wenn die Hündin ruhig seitlich liegt. Nach ein paar falschen Alarmen - man hört die Hündin ihr Lager sehr kräftig durcheinander kratzen - kommt dann der Abend, wo sie ihre Mahlzeit verweigert. Sehr futtergierige Hündinnen verzehren wohl ihr Futter, brechen es aber zumeist vor oder nach der Geburt wieder aus. Dies ist völlig normal. In der Regel fällt die Körpertemperatur der Hündin merkbar ab. Nach diesen Anzeichen wird sie voraussichtlich innerhalb von 12 Stunden gebären. Hierfür solltest Du vorbereiten:
- eine kleine Schere (vor Gebrauch sterilisieren)
- eine große Rolle Papiertücher
- ein paar alte Tücher
- einen Karton, groß genug, um eine Wärmflasche oder eine Wärmplatte darin unterzubringen
- einige alte Tücher als Einlage in den Karton
- ein Flanelltuch
- ein Stück synthetischen Flauschstoff - genau so zurechtgeschnitten, daß er in die Wurfkiste paßt
- alte Zeitungen als Unterlagen
- einen großen Plastiksack für die verschmutzten Zeitungen.

Das Verhalten kurz vor der Geburt ist unterschiedlich, im allgemeinen zeigt sich die Hündin sehr ruhelos und als Erstlingshündin unsicher. Manche Hündinnen sind leicht erregt, springen hoch, versuchen auf den Schoß zu kommen. Man sollte sie beruhigen, aber nie zu viele Umstände machen. Nach und nach wird sie sich wieder auf ihr Lager zurückziehen, erneut kratzen und nahezu fieberhaft mit den Zähnen das Papier zerreißen, dabei hecheln. Danach scheint sie sich kurzfristig wieder zu beruhigen, beginnt mit der ganzen Vorstellung von neuem. Dies kann über Stunden so gehen. Erst wenn Du eine erste echte Preßwehe siehst, mußt Du Dich auf die Hündin konzentrieren. Überprüfe die Raumtemperatur, sie sollte zumindest bei 21° C liegen. Ist dies nicht der Fall, muß durch ein Heizgerät die Raumtemperatur angehoben werden.

DIE GEBURT Werden die Wehen deutlicher, treten häufiger auf, legt sich die Hündin seitlich, sitzt in der Hocke oder steht. Vielleicht erkennst Du - zuweilen erst spät - den Austritt einer kleinen, dunklen Wasserblase, mit Sicherheit wirst Du aber den grünen, nassen Fleck sehen, den er nach dem Aufplatzen auf den Zeitungen hinterläßt.

Nach den ersten Preßwehen sollte der erste Welpe so innerhalb einer halben Stunde geboren werden. Der Welpe liegt in einer schützenden Fruchtblase, die mit der Plazenta verbunden ist und meist gleichzeitig mit der Fruchtblase ausgetrieben wird. Jetzt muß die Hündin sofort die Fruchtblase öffnen, dann die Nabelschnur mit den Zähnen abkauen, dann - in aller Regel - die Nachgeburt auffressen. Achte darauf, daß die Nachgeburt mit oder kurz nach dem Welpen ausgestoßen wird; Du mußt unbedingt wissen, ob eine oder mehrere Nachgeburten noch in der Gebärmutter der Hündin zurückgehalten werden. Der Welpe wird von der Hündin recht gründlich abgeleckt, hin und her gestoßen, bis er aus Protest quietscht. Danach krabbelt er kreisförmig in Richtung auf eine Zitze und wird hoffentlich zu trinken beginnen, während sich die Hündin auf die nächste Geburt vorbereitet.

Versuche immer nach der Geburt eines Welpen neues trockenes Zeitungspapier in die Wurfkiste einzulegen. Irgendwann während der Geburt solltest Du den einzelnen Welpen an Dich nehmen, ihn mit einem Tuch abrubbeln, sein Geschlecht kontrollieren, Dich überzeugen, daß alles in Ordnung ist. Geht alles wirklich reibungslos, erscheinen die Welpen in Intervallen von 20 bis 50 Minuten. Der Zeitablauf ist jedoch außerordentlich unregelmäßig, läßt sich nie genau voraussagen; je größer der Wurf, um so schneller werden in der Regel die Welpen geboren.

Dies ist eine Art »Textbuchablauf« - natürlich gibt es davon zahlreiche Abweichungen. Manchmal ignoriert eine Erstlingshündin völlig ihren ersten Welpen. Kümmert sich niemand um ihn, wird er zu kalt, öffnet niemand die Fruchtblase, muß der Welpe ersticken und sterben. Wenn die Hündin sich nicht um den Welpen kümmert, mußt Du schnell die Fruchtblase rund um den Kopf entfernen, Flüssigkeit und Schleim mit einem Tuch von Mäulchen und Nase wischen. Bewegt sich der Welpe nicht, schreit er nicht, solltest Du mit den Fingern in sein Mäulchen fassen, Dich vergewissern, daß die Zunge nicht zurückgerollt ist, dadurch die Luftröhre versperrt. Vielleicht wird er jetzt atmen, wimmern - möglicherweise sogar mit erstaunlicher Kraft an Deinen Fingern saugen. Dann ist mit diesem Welpen alles in Ordnung, kannst Du ihn der Hündin zurückgeben. Wenn sie sich noch immer nicht um ihn kümmert, muß der Rest der Fruchtblase entfernt werden. Drücke einige Zentimeter vom Welpennabel entfernt die Nabelschnur zusammen, ziehe sie von der Plazenta in Richtung auf den Welpen und durchtrenne sie zwischen Daumen und Zeigefinger. Das langsame Abpressen verursacht wesentlich weniger Blutung als ein Schnitt mit der Schere. Du kannst natürlich stattdessen auch mit der sterilisierten Schere die Nabelschnur durchtrennen. Kommt es zu Blutungen, muß die Nabelschnur etwa 1,5 - 2 cm vom Nabel entfernt mit einem sterilisierten Faden abgebunden werden. Ganz selten haben Sheltiewelpen am Hinterlauf eine Wolfskralle. Tritt sie auf, muß sie vom Tierarzt etwa im Alter von drei bis vier Tagen entfernt werden.

Sind alle Welpen geboren, braucht die Hündin Ruhe, sollte friedlich mit ihrer Familie schlafen. Biete ihr warme Milch mit Honig oder Glukose oder kaltes Wasser, ganz wie sie möchte. Die Schüssel darf nicht im Lager bleiben, das würde sie mit Sicherheit stören, unruhig machen. Jetzt solltest Du Deine Hündin dazu überreden, mit nach draußen zu kommen, um sich zu lösen. In dieser Zeit wird alles verschmutzte Papier aus dem Lager genommen, durch neue Zeitungen ersetzt, darüber kommt das saubere synthetische Tuch, Typ Vet-bed.

DIE SÄUGENDE HÜNDIN UND IHRE WELPEN Ist die Hündin zurück, achte darauf, daß alle Welpen tüchtig saugen. Diese erste Milch - die Kollostralmilch - ist

Gute Aufzucht ist der Schlüssel zu einem munteren und gesunden Welpen.

Ein hübscher, gleichmäßiger Wurf beim Ausblick in die weite Welt.

Ein Welpenauslauf
ist für heranwach-
sende Welpen
ideal. Hier finden
sie jede Gelegen-
heit, in Sicherheit
Sonne und frische
Luft zu genießen.

nicht nur besonders nährstoffreich, sie enthält auch Antikörper, welche die Welpen zwischen Geburt und erster Impfung vor Infektionen schützen. Hat ein Welpe mit dem Saugen Schwierigkeiten, mußt Du ihm zu helfen versuchen. Man kann den Welpen an eine Zitze anlegen. Drücke etwas Milch in sein Mäulchen, achte darauf, daß die Zitze über der Zunge liegt. Dies klingt alles recht einfach, man braucht aber sehr viel Geduld, so ein winziger Welpe kann außerordentlich ungeschickt sein. Halte ihn an der Zitze, bis Du den Eindruck hast, daß er eine gute Mahlzeit genossen hat; andernfalls wird er durch einen stärkeren Welpen beiseite geschoben.

Während der ersten Nacht - was davon übrig geblieben ist - sind die Welpen manchmal recht geräuschvoll und beklagen sich - sie müssen sich an eine völlig neue Existenz gewöhnen. Aber innerhalb von etwa zwölf Stunden sollten sie sich zufriedengeben. Über die nächsten Wochen tut ihre Mutter alle Arbeit - lecken, füttern, und Kontrolle aller Entleerungen. Oft hat eine Sheltiehündin doppelt soviel Zitzen wie Welpen. Da die Welpen sich entschlossen nur der ihnen am nächsten liegenden bedienen, bleiben die kleineren direkt hinter den Vorderläufen ungenutzt. Es macht wenig Sinn, sie wechselseitig auch an die vorderen Zitzen anzulegen, solche Versuche führen nur zu Frustration. Dies bedeutet, daß sich innerhalb von drei bis vier Tagen die kleinen vorderen Zitzen möglicherweise stark verhärten. Dann empfiehlt sich, über mehrere Tage mehrfach täglich heiße nasse Umschläge aufzulegen. Werden die Zitzen nicht stimuliert, geht die Milch zurück, und alles ist in Ordnung. Übersieht man diese Aufgabe, könnte die Hündin eine Mastitis erleiden - eine Entzündung der Milchdrüsen.

Sind die Welpen zwei Wochen alt, haben sich ihre kleinen Krallen sehr spitz entwickelt. Werden sie jetzt nicht regelmäßig gekürzt, könnten sie die Hündin schmerzhaft kratzen. Man schneidet immer nur die kleine, gekrümmte Nagelspitze mit einer kleinen Schere, achte darauf, das »Leben« nicht zu verletzen, das in diesem Alter leicht erkennbar ist. Bis zum Absetzen der Welpen muß diese Aufgabe alle paar Tage wiederholt werden. Etwa mit zwölf Tagen öffnen sich die Welpenaugen nach und nach, meist nicht alle gleichzeitig. Die Welpen werden kleine Persönlichkeiten, richten sich auf, beginnen herumzukriechen, ihre Geschwister zu stoßen. Bereits mit drei Wochen können sie sich bis zum Rande des Bretts in der Wurfkiste hochrecken, jetzt ist es Zeit, diese Barrikaden abzubauen, ehe sie für die Welpen zum Risiko werden. Wahrscheinlich lohnt es sich immer, einen Welpenauslauf zu kaufen, dieser besteht aus Drahtfeldern, die in verschiedenen Größen und Formen miteinander verbunden werden. Für den Anfang ist es leichter, beidseits der Box vorne je ein solches Feld anzubringen, mit einem dritten Feld abzuschließen. Damit haben die Welpen einen Auslauf gleicher Breite wie die Box, aber zweimal so lang.

Mit dem weiteren Heranwachsen der Welpen kannst Du den Auslauf vergrößern. Am besten stellt man ihn immer auf einen Vinylboden und bedeckt die Bodenfläche mit einigen Schichten Zeitungspapier. Nach einigen Erlebnissen, die mein Herz fast still stehen ließen, bevorzuge ich heute, die unteren Teile der Auslauffelder mit dünnem Hühnerdraht oder Plastik zu überziehen, um zu verhindern, daß die Welpen mit Kopf oder Läufen darin stecken bleiben.

PROBLEME IN DEN ERSTEN WOCHEN In aller Regel geht alles gut, erholt sich

SHELTIEZUCHT

Deine Hündin nach den Anstrengungen der Geburt recht schnell. Es gibt aber einige Erkrankungen, die zwar selten auftreten, aber möglicherweise tödlich enden. Es wichtig, die ersten Anzeichen zu kennen, so daß man schnell handeln kann.

Metritis: Hierbei handelt es sich um eine Gebärmutterentzündung, die innerhalb von 24 bis 48 Stunden nach der Geburt auftreten kann. Die Hündin verweigert die Nahrung, hat hohes Fieber. Sie erscheint sehr lethargisch, ist oft unsicher auf den Läufen. Man erkennt einen sehr dicken, braunen, außerordentlich unangenehm riechenden Ausfluß. Die Hündin ist offensichtlich schwer krank, ohne sofortige Behandlung könnte sie ins Koma fallen und sterben. Sie muß so schnell wie möglich zum Tierarzt, durch Verabreichung von wehentreibenden Medikamenten und Antibiotika wird es zur schnellen Genesung kommen. Zu den häufigsten Ursachen dieser Erkrankung gehört das Zurückbleiben einer Plazenta oder eines toten Welpen im Geburtstrakt.

Eklampsie: Man nennt dies auch »Milchfieber«, es tritt meist einige Wochen nach der Geburt auf. Ursache ist ein plötzliches Abfallen des Kalziumspiegels als Folge des Stillens. Die Hündin erscheint nervös und unruhig, leidet häufig an Muskelkrämpfen, bewegt sich steif oder es kommt zu Anfällen. Wiederum ist sofortige tierärztliche Hilfe (intravenöse Kalziuminjektion) lebensnotwendig, führt in der Regel zur schnellen Genesung.

ABSETZEN DER WELPEN Etwa mit drei Wochen beginnt man mit der Zufütterung. Ich bevorzuge eine erste Fütterung mit Fleisch. Hierfür bedarf es nur kleiner Mengen, aber es lohnt sich, bestes Schabefleisch zu kaufen oder Beefsteak im Mixer zu einer pastenförmigen Konsistenz zu verarbeiten. Anfänglich saugen die Welpen nur ganz wenig vom Finger. Dieses Fleisch wird immer möglichst frisch zubereitet oder vom Metzger geholt, ausschließlich handwarm gefüttert. Unabhängig vom Welpenalter werden Fleischmahlzeiten den Welpen einzeln gegeben, um eine gute Kontrolle zu haben. Die Einzelmengen werden nach und nach vergrößert, der achtwöchige Welpe erhält zwei Mahlzeiten mit je ungefähr 30 Gramm Fleisch. Dies wird mit in Fleischbrühe eingeweichtem Welpenmehl ergänzt, mit vier Wochen anfänglich ein Teelöffel, mit acht Wochen etwa ein Eßlöffel.

Die erste Milchmahlzeit verabreicht man etwa eins bis zwei Tage nach der ersten Fleischfütterung. Es gibt vorzügliche Milchprodukte der Futtermittelindustrie, die mit heißem Wasser entsprechend den Hinweisen der Hersteller angerührt werden. Mit dem Heranwachsen werden der Milch Getreideflocken, Honig und Glukose zugesetzt, so daß das Futter in cremiger Beschaffenheit gegeben wird. Einem Welpe nach dem anderen muß man beibringen, aus einer kleinen, flachen Schale zu lecken. Zu Beginn stecken sie die kleinen Nasen in die Schüsseln, erzeugen spektakuläre Blasen. Haben sie richtiges Lecken gelernt, wird der Milch/Zeralienmischung ein Teelöffel Honig beigefügt, kann man die Welpen auch gemeinsam füttern.

Ab vier Wochen erhalten die Welpen täglich vier Mahlzeiten, zwei Fleischmahlzeiten, zwei Milchmahlzeiten, immer alternativ. Etwa eine Woche, ehe die Welpen abgabebereit sind, kann man eine oder zwei Büchsenmahlzeiten anstelle des rohen Fleisches verwenden.

Jetzt dauert es nicht mehr lange und die Welpen sind von ihrer Mutter entwöhnt und abgabebereit.

SHELTIEZUCHT

Der Zeitpunkt des Abschieds ist für den echten Züchter immer traurig. Es fällt leichter, wenn man sicher weiß, daß man seinen Welpen beste Aufzucht und liebevolle neue Besitzer gewährleistet.

Kapitel 8

GESUNDHEITSFÜRSORGE

Shelties sind kräftige, gesunde Hunde. Im allgemeinen erreichen Sie ein Lebensalter von mehr als zehn Jahren, ohne dabei zuviele Tierarztrechnungen auszulösen. Natürlich unterliegen auch sie den meisten Hundeerkrankungen, aber sie sind nur für wenige anfällig. Eine ihrer Schwächen liegt in ihrer Veranlagung zur Zahnsteinbildung (Kapitel 5: Pflege). Ältere Hunde haben manchmal eine Nierenschwäche. Gibt es Anzeichen hierfür, sollte man den Tierarzt früh konsultieren, denn unabhängig von der spezifischen Behandlung könnte ein genaue Diät angezeigt sein. Wichtig ist immer, bereits die ersten Anzeichen zu erkennen, in diesem Fall Durst und vermehrtes Trinken.

Ist ein Sheltie einmal ans Ende seiner Straße gelangt - das Alter wird ein wirklich ihn liebender Hundebesitzer das Unausweichliche nicht hinausschieben, nur weil er hofft, sein Hund sollte in Frieden im eigenen Bett sterben, ihm dadurch den Kummer einer abschließenden Entscheidung ersparen. Nur selten kommt es zu einer »leichten Lösung«, und wenn doch, verläuft sie manchmal anders als erwartet. Auch sie wird zum Schock. Du wirst Dich fragen, ob Dein Hund leiden mußte, wirst Dir Vorwürfe machen, daß Du ihn in schwerer Stunde alleine gelassen hast. Erst dann erkennst Du, daß es ihm gegenüber liebevoller gewesen wäre, den Tierarzt zu bitten, ihm eine sanfte Spritze zu geben. Dann wärst Du wie immer bei ihm gewesen, hättest ihm Mut zugesprochen, dann wüßtest Du, welches Privileg es bedeutet, daß wir heute unseren Hunden selbst ein freundliches Ende bereiten können.

SCHUTZIMPFUNGEN Aufgrund laufender Fortschritte bei der Krankheitsbekämpfung ist es unmöglich, dieses Thema detailliert abzuhandeln. Augenblicklich erreicht man Schutz gegen Staupe, Hepatitis, Leptospirose und Parvovirose durch eine Reihe von Impfungen - zwei bis drei, je nach den verwendeten Vaccinen. Die erste erhält der Hund in der Regel nicht vor acht Wochen, die letzte etwa mit zwölf Wochen - es gibt aber Unterschiede. Der Zeitplan muß sorgfältig erarbeitet werden, anderenfalls könnte die natürliche, aber nur zeitweilige Immunisation, von der Mutter auf den Welpen übergegangen, die Wirksamkeit der Impfstoffe neutralisieren. Solche Einflüsse könnten ursächlich für diese seltenen sogenannten »Zusammenbrüche« (»breakdowns«) sein, oder unerwarteter Reaktionen, von denen man gelegentlich hört. Wer sich daran erinnern kann, wie früher bei einem erwachsenen Hund der wichtigste Verkaufsgesichtspunkt war: »Staupe gut überstanden«, weiß erst zu schätzen, daß wir heute diese Krankheiten beherrschen. Nur eine einzige Alternative - außer der Schutzimpfung - nämlich »natürliche Fütterung« hat noch einen geringen Anklang von Glaubwürdigkeit. Leider sitzt aber jeder, der noch immer dieser Theorie Glauben schenkt, auf einer Art Zeitbombe. Die Explosion dieser Bombe ist nur dadurch hinausgeschoben, weil alle anderen Hundebesitzer ihre Hunde wirklich schutzimpfen lassen. Natürlich spielt die Fütterung zur Gesunderhaltung des Hundes eine wichtige

Rolle. Aber ausschließlich der heutige sehr breite Impfschutz verhindert das Ausbrechen tödlicher Epidemien. **Wiederholungsimpfungen:** Die Aufrechterhaltung des lebenslänglichen Schutzes des Hundes gegen Staupe und andere Erkrankungen durch realistische Auffrischimpfungen ist außerordentlich empfehlenswert. Allgemein wird alle zwölf Monate eine Impferneuerung empfohlen. Alle Tierpensionen und Tierheime verlangen vor der Aufnahme eines Hundes, daß das Impfprogramm erneuert ist. Die Impfzeugnisse müssen immer aufbewahrt, bei jeder Impfung auf den neuesten Stand gebracht werden. **Achtung! Tollwutschutzimpfung** nicht vergessen. Sie unterliegt den gleichen Regeln!

HAUTPARASITEN Man könnte annehmen, daß Shelties als langhaarige Hunde für Hauterkrankungen besonders anfällig sind, glücklicherweise ist dies nicht der Fall. Der einzige Nachteil des langen Haares besteht darin, daß einige Erkrankungen durch das längere Haar lange unentdeckt bleiben. Regelmäßige Fellpflege gewährleistet aber, daß dies nicht der Fall ist.

Genau wie bei den Menschen kann auch beim Hund ein leichter Ausschlag von Bedeutung oder zu vernachlässigen sein, Hauterkrankungen darf man aber niemals ignorieren. Reagieren sie nicht auf sorgfältige Reinigung und Anwendung eines antiseptischen Puders oder einer Lösung, sollte man den Hund dem Tierarzt vorstellen, nach Möglichkeit ein Hautgeschabsel im Laboratorium untersuchen lassen. Falsch behandelte Hauterkrankungen können sich über Monate hinziehen. Unabhängig von der Frustration des Hundebesitzers ist ein solches Verschleppen gerade dem Haarkleid des Shelties recht abträglich.

FLOHBEFALL Nach einem Kontakt mit befallenen Hunden, Kaninchen oder Igeln kann es leicht zu Flohbefall kommen. Keinesfalls kann man aber Flöhe als unvermeidliche Gefährten gut gehaltener Hunde ansehen. Anzeichen eines Befalls erkennt man bei der Alltagspflege (oder durch Kratzen des Hundes), dabei sieht man entweder die Flöhe oder ihre Ausscheidungen (winzige, schwarze, grislige Partikel). Es gibt zahlreiche Medikamente, aber der Tierarzt wird das passende Spray, Puder oder Waschmittel bestimmen, auch die notwendigen Anwendungshinweise geben. Gerade solche Hinweise sind wichtig, denn alle diese Medikamente sind notwendigerweise recht stark, müssen unbedingt sorgfältig angewandt werden. Vor allen Dingen müssen die Medikamente außerhalb des Bereiches der Augen gehalten, dürfen auch nicht inhaliert werden. Achte darauf, daß Puder sich sehr schlecht aus dem Sheltie-Haarkleid entfernen läßt, man sollte ihn nur sparsam anwenden und später gründlich entfernen.

LÄUSEBEFALL Die winzigen, grauen, blutsaugenden Insekten lassen sich nur sehr schwierig entdecken und nicht so leicht bekämpfen. Auch hier sollte man den Tierarzt hinzuziehen, seinem Rat folgen.

ZECKEN Diese blutsaugenden Parasiten sind häufig die unwillkommene Begleiterscheinung hübscher Spaziergänge quer durch von Schafen bevölkerte Weiden. Wenn man sie bemerkt, haben sie sich oft bereits in der Hundehaut verankert. Zunächst handelt es sich nur um kleine, braune Insekten, sie werden nach und nach zu viel größeren, grauen, röhrenförmigen Tieren, die - vollgesaugt - mit einigem Glück

Der langhaarige Sheltie braucht regelmäßige Fellpflege, um Hautparasiten zu vermeiden.

Das richtige Impfprogramm beginnt beim Welpen und muß durch alljährliche Wiederholungsimpfungen über das ganze Hundeleben fortgesetzt werden.

wieder abfallen. Sind sie noch festgesaugt, meist im Bereich von Kopf oder Hals des Hundes - kann man sie vorsichtig entfernen, faßt sie mit einer Zeckenzange so nahe als möglich an der Haut, zieht sie sanft drehend heraus. Zieht man zu heftig, bleibt der Kopf in der Haut stecken, löst möglicherweise ein langanhaltendes Geschwür aus. Mit geschicktem feuchten Finger dreht man die Zecke mit oder gegen den Uhrzeigersinn schnell in einer Richtung - die Zecke wird schwindelig und läßt los. Früher empfahl man Betupfen der Zecke mit Waffenöl oder Alkohol - neuere Erkenntnisse besagen, daß dies für den Hund sehr gefährlich ist, denn vor dem Eingehen gibt die Zecke dann über die Saugstelle Giftstoffe in den Hundekörper ab.

EKZEME UND RÄUDE Diese Begriffe werden häufig sehr allgemein und vielfach fehlerhaft angewandt. Hier bedarf es - wie auch bei allen nicht leicht erkennbaren Parasiten - tierärztlicher Untersuchung und Behandlung.

OHRENTZÜNDUNGEN Wiederum ein Sammelbegriff, der in der Regel einfach die Ansammlung von Schmutz und Ohrenschmalz beschreibt. Manchmal werden Ohrentzündungen durch Milben ausgelöst, die oft von Katzen übertragen werden. Shelties leiden nur selten an derartigen Problemen, da ihre Ohrinnenseite nicht stark behaart ist, die halb aufgerichtete Ohrhaltung sehr viel Belüftung des Ohrs erlaubt. Erforderlichenfalls kann man das Ohr sorgfältig reinigen, dabei darf man aber nie tiefer ins Ohr eindringen als man zu sehen vermag. Ist der Ohrbereich eindeutig nicht durch Ohrschmalz oder Schmutz verkrustet, sondern sieht feucht aus, kann man das Ohr mit einem Spezialreiniger behandeln, welche Art man dafür verwendet, entscheidet der Tierarzt, der auch bei allen anderen Ohrerkrankungen Hilfe kennt.

INNERE PARASITEN Es gibt eine unendliche Vielfalt an Wurmparasiten, die andere Lebewesen befallen, oft in ihrem Lebenszyklus einen Zwischenwirt - einschließlich den Menschen - bedürfen. Die häufigsten Wurmarten werden nachstehend behandelt:

Spulwürmer Bei Welpen findet man sie sehr verbreitet, häufig auch bei Junghunden. Ihre Existenz verdanken sie ungenügender Behandlung in der frühen Jugend oder einem Wiederbefall. Ihre Bekämpfung ist gar nicht schwierig, die Medikamente werden laufend verbessert und sicherer. Aus diesem Grunde sollte jeder Welpe bis zu einer Abgabe mit acht Wochen beim Züchter eine volle Wurmbehandlung erfolgreich abgeschlossen haben. Auf Piperazine-Basis aufgebaute Medikamente sind sicher und wirksam, vorausgesetzt man verwendet sie genau nach Anweisung. Treten Schwierigkeiten auf, befragt man den Tierarzt, der mit Sicherheit ein geeignetes Medikament verfügbar hat.

Bandwürmer Wahrscheinlich durch veränderte Fütterungsgewohnheiten und erfolgreiche Flohbekämpfung - Flöhe sind Zwischenwirte der Wurmlarven - ist die Bedeutung von Bandwurmbefall stark rückläufig. Bandwurmbefall erkennt man an kleinen, mit dem Kot abgehenden, zuweilen im Afterbereich im Haar hängenden Bandwurmgliedern. Sie sind gurkenkerngroß, weiß und werden lebend ausgeschieden. Der Bandwurm selbst kann erstaunliche Körperlängen erreichen, stößt laufend die letzten Glieder ab. Wenn der Wurmkopf nicht ausgemerzt wird, geht das Wachstum immer weiter, hierzu bedarf es eines beim Tierarzt erhältlichen Spezialmittels.

Hakenwürmer Aufgrund des Absaugens von Blut verursachen Hakenwürmer eine akute Schwäche des Hundes; hat man sie aber erst einmal richtig identifiziert, kann man sie relativ leicht bekämpfen.

Peitschenwürmer Das Gleiche gilt für diesen schwer erkennbaren, kleinen Parasiten, der das Caecum - den Blinddarm - am Ende des Dickdarms besiedelt. Hat er sich hier einmal festgesaugt, ist er gegen jedes normale Wurmmittel immun. Hat man ihn identifiziert, erfolgt eine Behandlung mit einem Spezialmedikament. Es ist aber wichtig, daß man so früh wie möglich mit der Behandlung beginnt, denn er löst eine ruhrähnliche Erkrankung aus, die beim Hund zu einem alarmierenden Gewichtsverlust führt.

Herzwurm Mit diesem ernsthaften Problem müssen sich die amerikanischen Hundezüchter auseinandersetzen. Ursprünglich nahm man an, dieser Wurm sei auf die Südstaaten beschränkt, aber diese von Moskitos übertragenen Schädlinge haben sich nach und nach in den Norden ausgebreitet. Sie können zu ernsthaften Schäden führen, werden am besten durch eine Präventivmaßnahme bekämpft, wobei während der Saison, in der bestimmte Moskitotypen aktiv sind, den Hunden täglich Medikamente gegeben werden.

Hydatosis Dies ist eine Erkrankung, die in einem Kreislauf Schaf/Hund/Mensch mit dem Bandwurm verbunden ist. Es gibt sie in vielen Teilen der Welt, von überragender Wichtigkeit ist sie für die Schafhaltung in Neuseeland, daher ist Vorbeugung und Kontrolle in diesem Land von besonderer Wichtigkeit. Hundeimport nach Neuseeland bedarf deshalb des Nachweises, daß der Hund von Hydatosis-Infektion frei ist.

Toxocariasis In ganz seltenen Fällen wurde bekannt, daß die Larven des Toxocara-Wurms im menschlichen Körper Krankheiten auslösen. Hierüber wurde in der Öffentlichkeit sehr viel geschrieben, dabei haben die Journalisten aber zu erwähnen vergessen, daß dieser Toxocara-Wurm nicht nur von Hunden, sondern ebenso von Katzen und Füchsen übertragen wird. Wer deshalb Bedenken hat, einen Hund oder eine Katze in seinen Haushalt aufzunehmen, sollte mit dem örtlichen Tierarzt darüber sprechen, der zweifelsohne bestätigen wird, daß dieses Risiko wirklich minimal ist. Man sollte sich dabei auch vor Augen halten, daß die am meisten Gefährdeten - die Züchter und andere eng mit Haustieren Beschäftigte - eine bemerkenswert gesunde Gattung darstellen!

Gleichzeitig muß hier unterstrichen werden, daß die laufende ungünstige Berichterstattung gegen Hunde und die sich daraus ergebenden Einschränkungen ihrer Freiheit das direkte Ergebnis der Sorglosigkeit und des mangelnden Einfühlungsvermögens vorausgegangener Generationen von Hundebesitzern ist. Hundebesitzer haben eine wichtige Aufgabe bei der Erhaltung einer gesunden Umwelt. Es ist ihre Pflicht, einschlägige Gesetze zu beachten und zu unterstützen. Es ist keinesfalls hinzunehmen, daß Hunde Parks und Straßen verschmutzen, die auch ihnen und ihren Besitzern Freude bereiten.

ERSTE HILFE Es ist bestimmt vernünftig, rechtzeitig eine Reihe von Hilfsmitteln anzuschaffen, die man im Notfall sofort einsetzen kann. Lasse Dich dabei nie verleiten, verfallene Medikamente weiter aufzubewahren, anderenfalls wird schnell das Erste-Hilfe-Regal durch halbleere Flaschen, verrostete Büchsen oder vergilbte Umschläge,

Der Sheltie ist eine robuste Hunderasse, in aller Regel führen diese Hunde ein langes und gesundes Leben.

Fürsorge und Pflege zahlen sich aus - dieser zwölfjährige Champion gewann sein letztes Championat (CC) im Alter von elf Jahren!

SHETLAND SHEEPDOG

in denen verfallene Antibiotika-Pillen liegen, überfüllt sein.

Die meisten modernen Medikamente haben eine eingeschränkte Verwendungsdauer. Beispielsweise ist es äußerst fehlerhaft, die Überreste einer Tube mit Augensalbe, die Monate zuvor verschrieben wurde, noch für eine aktue Erkrankung zu nutzen. Hinzu kommt, daß die meisten Medikamente für ganz spezielle Augenerkrankungen bestimmt sind. Die neue Erkrankung braucht in keiner Weise mit der früheren übereinzustimmen; daher könnte das falsche Medikament sehr viel mehr schaden als nützen.

Erste-Hilfe-Kasten Nachstehende Gegenstände sollte man in Vorrat halten:
Eine Schere.

Einige einzeln verpackte, sterile Mullauflagen - möglichst nicht so verpackt, daß die Verpackung sehr schwer zu entfernen ist. Am besten läßt man sich vom Tierarzt das Notwendige geben.

Eine Rolle breites Pflaster (um die Verbände an richtiger Stelle zu halten).

Antiseptischer Wundpuder.

Antiseptische Salbe.

Ein Paket Gazeverband oder Bandage (zur Behandlung von Pfotenverletzungen).

Eine Flasche Bitter Apple oder ein anderes Mittel, das Ankauen oder Belecken einer Wunde oder eines Verbandes unterbindet.

Ein Fieberthermometer (Normaltemperatur des Hundes 38,5° C. Bereits 39,0° C müssen als Warnung gesehen werden).

WUNDEN Kleine Schnitte oder Schürfungen heilen schnell, wenn man sie sofort reinigt und mit Wundheilpuder einstäubt. Nie darf man - ohne tierärztliche Anleitung - stärkere Antiseptika oder Desinfektionsmittel sofort verwenden - es ist wesentlich besser, zunächst gemäßigt daranzugehen. Tiefe Bißverletzungen oder schwere Verwundungen gehören zum Tierarzt zur Behandlung, abgesehen davon, daß sie oft genäht werden müssen, sollte der Heilprozeß von innen, nicht von außen erfolgen.

INSEKTENSTICHE Es ist grundsätzlich vernünftig, eine kleine Auswahl Antihistamin-Tabletten während der Sommermonate auf Spaziergängen oder Hundeausstellungen dabei zu haben. Hunde sind häufig versucht, nach Bienen oder Wespen zu schnappen, die daraus folgenden Stiche in den Fang oder in die Zunge können alarmierende Schwellungen auslösen, manchmal durch Schock oder starken Schmerz begleitet.

DURCHFALL Bei Shelties ist dies immer eine kleine Katastrophe - denn Durchfall zeigt sich bei allen langhaarigen Hunderassen sehr deutlich! »Loser Stuhl« wird meist durch überreiches, fettes Futter, manchmal auch durch einfaches Überfressen ausgelöst. Es macht keinen Sinn, einen so erkrankten Hund zum Fressen zu überreden, man sollte ihn hungern lassen. Erst am nächsten Tag erhält er eine kleine Mahlzeit, etwa nur mit gekochter Hühnerbrust (heutzutage kein zu großer Luxus); gleichzeitig verabreicht man eine - nur vom Tierarzt empfohlene - Tablette (Warnung! Es gibt für den Menschen geeignete Medikamente, die beim Hund tödlich sein können!). Ist der Durchfall von gräulicher oder kittartiger Farbe, begleitet von faulem Geruch, muß der Tierarzt eine Antibiotika-Behandlung vornehmen. Jedes Anzeichen von Blut im Kot oder Ausgebrochenem bedarf gleichfalls sofortiger tierärztlicher Behandlung.

78

GESUNDHEITSFÜRSORGE

ERBLICHE KRANKHEITEN In den meisten Hunderassen gibt es bestimmte Erbkrankheiten. Die Anzahl identifizierbarer Erkrankungen vergrößert sich bei Hunden wie Menschen entsprechend dem wissenschaftlichen Fortschritt. Bei den Hunden (wenn auch nicht bei Menschen!) ist die wichtigste Gegenmaßnahme, um Erbkrankheiten auszurotten, kontrollierte Zucht. Deshalb sollte jedermann, der auch nur einen einzigen Wurf züchten möchte, sich um diese Probleme kümmern, sich an der Bekämpfung von Erbkrankheiten beteiligen. Die zwei bei Shelties häufiger auftretenden Erbkrankheiten beziehen sich beide auf die Augen. Die Hundezuchtorganisationen haben gemeinsam Testmethoden entwickelt, um jeden Hund genau zu untersuchen. Nähere Einzelheiten vom Hundezuchtverband oder Tierarzt.

Progressive Retina Atrophie (PRA) Dies ist eine progressiv verlaufende, zur Zeit unheilbare Augenerkrankung, die unausweichlich zur Erblindung führt. Glücklicherweise ist sie bei Shelties sehr selten. Aber ein Fall ist bereits ein Fall zuviel, deshalb ist es notwendig, daß *jeder für die Zucht eingesetzte Hund* (wenn auch nur für einen Wurf) jährlich überprüft wird, um sicher zu sein, daß er frei von PRA ist. Diese Krankheit ist bei der Geburt nicht erkennbar, sie entwickelt sich nach und nach, möglicherweise ist sie bereits weit fortgeschritten, ehe der Hundebesitzer merkt, daß irgendetwas nicht in Ordnung ist. Nur ganz selten erkennt man PRA, ehe ein Hund zumindest zwei Jahre alt ist - meist ist er sogar um einiges älter. Ohne vorherige Untersuchung könnte er, bereits züchterisch verwendet, unabschätzbaren Schaden ausgelöst haben. Deshalb ist es unerläßlich, jedes Zuchttier (Rüde wie Hündin) jährlich zu überprüfen. Das Untersuchungsergebnis erhält der Besitzer, der Tierarzt des Besitzers und eine zusätzliche Kopie der Rassezuchtverein. Obgleich diese Erkrankung zur totalen Blindheit führt, sind die Aussichten des Einzeltieres nicht so tragisch, wie man sich dies wohl vorstellt, vorausgesetzt es bleibt für sein ganzes Leben in der gleichen familiären Umwelt. Die Erblindung verläuft recht langsam, ein Hund verläßt sich viel mehr auf seinen Geruchssinn als auf sein Auge. Deshalb wird er in häuslicher Umgebung zurechtkommen, wenn man ihn richtig umsorgt und versteht. Dies ändert jedoch nichts an der Wichtigkeit der Kontrolle und Bekämpfung dieser Erkrankung.

Collie Eye Anomaly (CEA) CEA ist bereits bei der Geburt erkennbar, kann durch den Experten im Alter zwischen fünf und acht Wochen diagnostiziert werden. Aus diesem Grund ist die Bekämpfung weniger kompliziert als bei PRA. Es ist deshalb ratsam, die Welpen alle gemeinsam noch im Wurf untersuchen zu lassen, ehe sie zu ihren neuen Besitzern kommen. Im allgemeinen ist es so, daß Welpen, die nicht als »ohne Befund« (»clear«) diagnostiziert werden, meist nur leicht befallen sind, in ihrem künftigen Leben aller Wahrscheinlichkeit nach kaum leiden oder gar das Sehvermögen verlieren. Nur sehr selten leiden ernsthaft befallene Hunde an einer verschobenen Retina oder an einer inneren Augenblutung, was bei dem befallenen Auge zur Erblindung führen könnte. Aber dies tritt wirklich nur sehr selten auf. Auch leicht befallene Hunde können nahezu mit Sicherheit auf ein langes und glückliches Leben blicken, abgesehen davon, daß in ihrem Zeugnis kein Vermerk »clear« enthalten ist. Diese Krankheit wird deshalb beim Sheltie so eingehend kontrolliert, weil sie bei der ursprünglichen Diagnose in der Rasse weit verbreitet war (bei Sheltie 80 %). Wären keine Schritte unternommen worden, die Krankheit zu bekämpfen, hätte sie sich über

Dank regelmäßiger Kontrollen der Zuchttiere hat sich die Anzahl der Welpen, die frei von irgendwelchen erblichen Augenkrankheiten geboren werden, wesentlich erweitert.

die gesamte Rasse verbreitet. Hätte man weiter mit befallenen Hunden gezüchtet, wäre die Anzahl schwerer Fälle progressiv gewachsen.

Die Anstrengungen über die letzten fünfzehn Jahre haben alle die Züchter, die sich am Testsystem beteiligen, in die Lage versetzt, ihr Zuchtprogramm so zu verändern, daß der Prozentsatz von nicht befallenen Welpen immer größer wird. Für die Zukunft sind bei Aufrechterhaltung der Tests und Ausschluß befallener Tiere weitere, geradezu dramatische Verbesserungen zu erwarten.

HÜFTGELENKSDYSPLASIE Glücklicherweise verlangt der vernünftige Rassestandard vom Sheltie leichten Körperbau, und er sollte ausgewogen und frei von jeglichen Übertreibungen sein. Deshalb war Hüftgelenksdysplasie für Shetland Sheepdogs nie ein wichtiges Problem. Dennoch hat man von Zeit zu Zeit Erkrankungen festgestellt, HD ist eine Erbkrankheit (mit Umwelteinflüssen), die nicht übersehen werden darf. Sie kann in leichter Form, aber in Extremfällen auch sehr schmerzhaft auftreten und bis zur Lähmung des Hundes führen. Es gibt in allen Ländern offizielle Testsysteme, die den Hüftstatus röntgenologisch ermitteln.

LITERATURHINWEISE Zur Frage Erberkrankungen empfehlen wir dringend:
Malcolm B. Willis - GENETIK DER HUNDEZUCHT
Zu dem weiten Bereich der Ersten Hilfe finden Sie alle notwendigen Informationen in:
Tim Hawcroft - ERSTE HILFE FÜR HUNDE (beides *KYNOS VERLAG*).